Klaus Hirsch

KARATE
kinderleicht

Illustrationen
Bernd Wiedemann

GLOOR Verlag

Die Schreibweise in diesem Buch entspricht
den Regeln der neuen Rechtschreibung.

10 11 12 13   25 24 23 22

ISBN 978-3-938037-11-9
10. neubearbeitete Auflage
Alle Rechte vorbehalten
© Gloor Verlag 2025
www.gloor-verlag.de
Gestaltung: Birgit Feigl
Lektorat: Karin Windorfer
Zeichnungen: Bernd Wiedemann (www.buchillustration.de)
Gesamtherstellung: Best Preis Printing UG & Co. KG
Triple AAA Druckproduktion, Gilching
Printed in Germany

INHALT

Vorwort
Von einer faulen Hauskatze zum flinken Tiger!
Bleib fit! 14
Bleib cool! 15
Genieße das Abenteuer! 15

1. Kapitel
Die Geschichte des Karate
Die Anfänge 18
- Daruma Taishi 18
- Shaolin-Kloster 19
Die Entstehung des heutigen Karate 22
- Okinawa-te 22
- Gichin Funakoshi 23
- Kara-te 24
Große Meister der Vergangenheit und Gegenwart 26

2. Kapitel
Karate: Bedeutung und Trainingsbereiche
Was ist Karate? 29
- Die Bedeutung des Wortes Kara-te 29
- Karate als Ganzkörpertraining 30
  Konzentration, Kondition, Flexibilität, Koordination, Kraftaufbau, Schnelligkeit/Reaktionsfähigkeit, Aufmerksamkeit/Wachsamkeit

Was macht man in Karate? 34
- Kihon (Grundschule) 34
- Kata (festgelegte Reihenfolge) 34
- Kumite (Partnerübungen) 35

3. Kapitel
Wichtige Begriffe

Do – der Weg	37
Dojo – die Übungsstätte	37
Sensei – der Lehrer	38
Kohai – der Schüler	38
Rei – der Gruß – die Verbeugung	38
Oss – das Wort der Wörter	40
Kime – Anspannung des ganzen Körpers	40
Kiai – Kampfschrei	41
Zen – Lebenshaltung	42
Kommandos	42
Zahlen	43

4. Kapitel
Die Ausrüstung

Der Gi – der Anzug	45
Kyu – die Gürtelfarben	46
Die Hygiene	48

5. Kapitel
Stehen und Gehen

Sicher stehen

Shizen-tai – Normalstellung	49
Yoi – Achtung, Aufmerksamkeit	50

Sicher gehen

Die 3 Grundstellungen	52
1. Schrittstellung: Zenkutsu-dachi Vorwärtsstellung	53
Wie stehe ich?	53
Wie gehe ich? Bewegung im Zenkutsu-dachi oder der Bananenschritt	53

INHALT

2. Schrittstellung: Kokutsu-dachi
Rückwärtsstellung
Wie stehe ich? 55
Wie gehe ich? Bewegung im Kokutsu-dachi 56

3. Schrittstellung: Kiba-dachi
Seitwärtsstellung
Wie stehe ich? – Der Reiter ohne Pferd 57
Wie gehe ich? Bewegung im Kiba-dachi 57
Übersicht: Die Technik - Stehen und Gehen 58

6. Kapitel
Der Angriff
Angriffstechniken mit der Faust
Grundlagen – Was ist für alle Techniken wichtig? 59
- Das richtige Schließen der Hand zur Faust 59
- Jodan/Chudan/Gedan 60
  Verschiedene Bereiche deines Körpers

Angriffstechniken mit der Faust 61
- Basis: der Zuki – Fauststoß 61
- Hikite 62
- Spannung aufbauen 62

1. Angriffstechnik Choku-zuki 63
   (gerader Stoß im Stehen)
2. Angriffstechnik Oi-zuki 64
   (Angriffsstoß)
3. Angriffstechnik Gyaku-zuki 65
   (seitenverkehrter Stoß)
Übersicht: Angriffstechniken mit der Faust 66

7. Kapitel
Die Abwehr
Abwehrtechniken mit dem Arm

Grundlagen – Was ist für alle Abwehrtechniken wichtig? 67
- Fließende Bewegungen – keine Pause 67
- Hüfte zur Seite drehen 68
- Besser Ausweichen als Abwehren 68

1. Abwehrtechnik Gedan-barai 69
   (Abwehr nach unten)
- Ausführung im Stand 69
- Wie gehe ich? Bewegung im Gedan-barai? 70
- Wie komme ich in diese Anfangsstellung? 71

2. Abwehrtechnik Age-uke 72
   (Abwehr nach oben)
- Ausführung im Stand 72
- Wie gehe ich? Bewegung im Age-uke? 73

3. Abwehrtechnik Soto-uke 74
   (Abwehr zur Mitte – von außen nach innen)
- Ausführung im Stand 74
- Wie gehe ich? Bewegung im Soto-uke? 75

4. Abwehrtechnik Uchi-uke 76
   (Abwehr zur Mitte – von innen nach außen)
- Ausführung im Stand 76
- Wie gehe ich? Bewegung im Uchi-uke? 77

5. Abwehrtechnik Shuto-uke 78
   (Handkantenabwehr)

INHALT

- Ausführung im Stand 78
- Wie gehe ich? Bewegung im Shuto-uke? 79

6. Abwehrtechnik Morote-uke 81
   (beidhändige Unterarmabwehr)
- Ausführung im Stand 81
- Wie gehe ich? Bewegung im Moroto-uke 82
Übersicht: Zusammenfassung der Abwehrtechniken 83

8. Kapitel
Die Wendung – Mawatte
Ausführung 84

9. Kapitel:
Bein-/Fußtechniken
Grundlagen – Was ist für alle Bein-/Fußtechniken 86
wichtig?
- 3 Phasen 86
- 2 Ausführungen – geschnappt oder gestoßen? 87
- Bewusstes Absetzen 87

1. Fußtechnik Mae-geri 88
   (gerader Fußtritt nach vorne)
- Merkmal 88
- Zielregion – Wie hoch hebe ich das Bein? 88
- Ausführung Mae-geri 89

2. Fußtechnik Mawashi-geri 90
   (Halbkreisfußtritt)
- Merkmal 90
- Zielregion – Wie hoch hebe ich das Bein? 90
- Ausführung Mawashi-geri 90

3. Beintechnik Yoko-geri (Seitwärtsfußstoß)	92
▪ Merkmal	92
▪ Yoko-geri-kekomi	92
▪ Yoko-geri-keage	93
▪ Wie gehe ich? Bewegung im Yoko-geri	94
Interessante Anmerkung	95

10. Kapitel
Partnertraining

Kumite – Grundlagen	96
Dein erster Schritt zum grundschulmäßigen Partnertraining	97
Gohon-kumite (fünfmaliger Angriff und Abwehr in fünf Schritten)	97
Abstandsmessung	97
Jiyu-Ippon-Kumite (Halbfreier Kampf)	103
Jiyu-Kumite (Freier Kampf)	104
Fachbegriffe	**105**

11. Kapitel
Den Karategürtel richtig binden

Eine Schritt-für-Schritt-Anleitung	108
Nachwort	110

Vorwort

Bewegung ist für die Entwicklung unserer Kinder unverzichtbar. Sie ist Ausdruck von Vitalität, von kindlicher Neugier und Lebensfreude. Durch die Bewegung bringen sie Ihre Entwicklung voran; an ihren Bewegungen ist auch abzulesen, wie gut es ihnen geht.

Wenn es heute um die Gesundheit von Kindern und Jugendlichen geht, dann stehen Bewegungsmangel und Übergewicht im Vordergrund. In Deutschland ist mittlerweile jedes fünfte Kind und jeder dritte Jugendliche übergewichtig. Hält diese Entwicklung weiter an, wird im Jahr 2030 sogar jedes zweite Kind adipös sein.

Die klassischen Kinderkrankheiten plagen Kinder heutzutage kaum noch. Anstelle von Kinderlähmung, Keuchhusten und Scharlach sind mittlerweile andere Beeinträchtigungen, wie motorische Defizite, ungenügende Fitness und Übergewicht getreten.

Kinder brauchen Bewegung, damit sie sich gesund und leistungsfähig entwickeln. Bewegung ist nicht nur unerlässlich für die körperliche, sondern auch für die kognitive Entwicklung; sie fördert die Lernbereitschaft, die Lernfähigkeit und das psychosoziale Wohlbefinden. Mit ihren Bewegungen erobern und begreifen Kinder die Welt.

Die Gesundheitsinitiative „Deutschland bewegt sich!", eine Kooperation von BARMER, ZDF und BILD am Sonntag hat zum Ziel, die Menschen in Deutschland an gesundheitsfördernde Sportarten heranzuführen und dazu beizutragen, die eigene Gesundheit aktiv und verantwortungsvoll zu gestalten. Die Gesundheit von Kindern und Jugendlichen ist hierbei in den Focus aller Aktivitäten gerückt. Die Weichen für Gesundheit und Wohlbefinden im Alter werden in den frühen Lebensjahren gestellt.

Im Rahmen der „Deutschland bewegt sich! – Städtetour 2005" in München habe ich Klaus Hirsch kennen gelernt und konnte mir ein Bild von seiner beeindruckenden Arbeit mit Kindern und Jugendlichen machen. Karate trägt in hohem Maße dazu bei, die körperliche Fitness von Kindern zu fördern, da bei dieser Sportart Ausdauer, Beweglichkeit, Koordination und Kraft gefördert werden – also alle Funktionen, die für die körperliche Leistungsfähigkeit verantwortlich sind.

Ich wünsche Klaus Hirsch für die Zukunft weiterhin viel Glück und Gesundheit.

Prof. Dr. Eckart Fiedler

Institut für Gesundheitsökonomie und klinische Epidemiologie der Uni Köln (IGKE), ehemaliger Vorstandsvorsitzender der BARMER Ersatzkasse

Eine Geschichte zum Nachdenken

Ein Junge reiste einst quer durch ganz Japan, um eine Schule eines berühmten Kampfkünstlers zu besuchen. Als er zum Dojo kam, erhielt er eine Audienz beim Sensei.
»Was wünscht du?«, fragte der Meister.
»Ich möchte ihr Schüler und der beste Karateka im ganzen Land werden.«, antwortete der Junge.
»Wie lange muss ich trainieren?«
»Mindestens 10 Jahre«, sagte der Meister.
»Zehn Jahre sind eine lange Zeit", sagte der Junge.
»Was ist, wenn ich doppelt so hart trainiere wie alle anderen Schüler?«
»20 Jahre«, antwortete der Meister.
»Und wenn ich Tag und Nacht mit all meiner Kraft übe?«
»30 Jahre«, war die Antwort des Meisters.
»Wie kommt es, dass es um so länger dauert, je mehr ich mich anstrenge?« fragte der Junge.
»Wenn ein Auge auf das Ziel gerichtet ist, dann bleibt nur das andere Auge, um den Weg zu finden.«

Verfasser unbekannt

VON EINER FAULEN HAUSKATZE ZUM FLINKEN TIGER!

Du bist immer ein Sieger, ob du nun gewinnst oder nicht. And the winner is …

Bleib fit! Körperbeherrschung und Ausdauer

Wenn du Karate lernst, trainierst du deinen ganzen Körper. Durch das vielseitige Ganzkörpertraining steigt die Beweglichkeit und Kraft deiner Muskeln und du bekommst viel mehr Ausdauer. Und das hilft dir nicht nur beim Sport!

Bleib cool!

Durch die Konzentration auf deinen Körper findest du innere Ruhe und Ausgeglichenheit. Es fällt dir plötzlich viel leichter, dich auch in anderen Bereichen zu konzentrieren, du wirst es sehen!

Im Karate werden Fairness, Rücksicht und Respekt vor dem Partner gefördert. Es gibt keinen ersten Angriff im Karate (»Karate ni sente nashi!«), aber du lernst dich effektiv zu verteidigen.

Genieße das Abenteuer!

Du erhältst Einblicke in eine fremde Kultur, erfährst die geschichtlichen Hintergründe und erweiterst deinen geistigen Horizont.

Karate ist für Groß und Klein geeignet, ein wunderbares Training für jedes Alter, ein toller Sport für die ganze Familie.

Karate ist eine Herausforderung und durch die vielen verschiedenen Gürtelfarben hast du immer wieder ein höheres Ziel.

1. KAPITEL

Die Geschichte des Karate

Karate ist eine Sportart, die es schon sehr lange gibt. Die Menschen mussten sich oft ohne Waffen gegen wilde Tiere, aber auch gegen menschliche Angreifer behaupten. Dadurch wurden sie gezwungen, besondere Techniken zur Verteidigung zu entwickeln.

Die Anfänge des heute auf der ganzen Welt beliebten Karate lassen sich bis nach China zurückverfolgen. Als Entstehungsort der alten chinesischen Kampfkunst ist das buddhistische Kloster »Shaolin« bekannt. Von dort begann seine Verbreitung in alle Kontinente.

Karate ist nicht nur Kampfkunst zur Selbstverteidigung, sondern auch Training für Körper und Geist, beliebt bei Kindern und Erwachsenen in der ganzen Welt.

> *»Karate ist wie heißes Wasser, das abkühlt, wenn du es nicht ständig warm hältst.«*
> *Gichin Funakoshi*

Die Anfänge

Hier beginnt unsere Geschichte im Jahre 523 nach Christus.

Die Legende erzählt:

Wusstest du? Der Himalaja

Der Himalaja, »Wohnsitz des Schnees«, ist das höchste und größte Gebirge der Welt, mit mehr als 30 Gipfeln, die höher als 7600 Meter (das sind über 7 Kilometer!!!) sind. Es erstreckt sich über 2500 km. Der Himalaja gehört zu Indien, Pakistan, Nepal, Bhutan und China. Der höchste Berg ist der Mount Everest mit 8848 Metern, er ist auch der höchste Berg der Welt.

Daruma Taishi

Der indische Mönch Daruma Taishi (auch Bodhidarma genannt) verließ seine Heimat Kanchi Puram im Süden von Indien und reiste nach China, um die Lehre des Buddhismus zu verbreiten. Er unternahm alleine diese gefährliche, lange Reise über den Himalaja, die selbst heutzutage kaum zu bewältigen ist.

Deutschland im Größenvergleich

GESCHICHTE

Als Daruma Taishi einige Jahre später im Shaolin-Kloster in China in der Provinz Henan ankam, entfachte er dort eine große Begeisterung für hartes Training von Körper und Geist. Die Mönche waren recht schwach. Ihr Tagesablauf bestand aus Betteln und Meditation. Er überzeugte die Mönche, da ihre körperliche Verfassung zu schwach war, neben ihren geistigen Anstrengungen auch den Körper zu stärken. Die Körperübungen stärkten die Mönche und führten sie zu einem neuen Lebensweg. Die Mönche wurden gesünder und kräftiger und konnten sich nun auch wirkungsvoll gegen Feinde und Räuberbanden schützen. So wurde aus gymnastischen Übungen im Laufe der Zeit eine spezielle Kampfkunst zur Selbstverteidigung. Nach einiger Zeit hatten die Shaolin-Mönche den Ruf, die besten Kämpfers Chinas zu sein.

Im Jahre 1647 n. Chr. bat der chinesische Kaiser die Shaolin-Mönche um militärische Hilfe. Ihre Dienste leisteten sie hervorragend, zu hervorragend, wie sich herausstellte. Denn der Kaiser empfand eine so große Gruppe von Menschen mit so außergewöhnlichen Kampfkünsten als Bedrohung und ließ das Kloster zerstören. Die Mönche verstreuten sich in alle Himmelsrichtungen und unterrichteten fortan die Lehre ihrer kämpferischen Fertigkeiten.

Wusstest du? Buddhismus
Vor etwa 2500 Jahren begründete Siddharta Gautama, der spätere Buddha, diese Weltreligion. Weltweit gibt es über 400 Millionen Buddhisten.

Seit wann gibt es das Shaolin-Kloster?

Das Shaolin-Kloster gab es schon vor Daruma Taishi. Eine Gruppe von jungen Mönchen suchte im 3. Jahrhundert v. Chr. auf dem Berg Songshan Zuflucht vor ihren Verfolgern. Sie errichteten einen Tempel, umgeben von Steinmauern, bepflanzten die Umgebung mit jungen Kiefern und gaben ihm den Namen Shaolin, was übersetzt »junger Wald« heißt.

Karate breitet sich aus

Das Shaolin-Kloster, welches in der Provinz Henan mitten in China liegt, ist immer noch bekannt für seine Kampfkunst. Um das Kloster herum gibt es heute mehr als 50 Kampfsportschulen. Das Shaolin-Kloster betrachtet man als Entstehungsort der alten chinesischen Kampfkünste. Das Kloster wurde oftmals zerstört, aber immer wieder aufgebaut.

Durch den regen Reiseverkehr zwischen China und Okinawa erreichten diese Kampfkünste auch die Ryu-Kyu-Inselgruppe im Pazifik. Diese besteht aus mehr als 160 Inseln mit der Hauptinsel Okinawa.

GESCHICHTE

Die Entstehung des heutigen Karates

Okinawa-te

In Okinawa hat das heutige Karate seinen Ursprung. Okinawa war zwischen Japan und China ein wichtiger Handelspunkt, so stand es mal unter japanischen und mal unter chinesischen Einflüssen, war aber bis zum Jahr 1875 ein unabhängiges Königreich.

Im Jahr 1479 gelang es dem damaligen König Sho Shin, nach langen politischen Unruhen und Machtkämpfen, das Land zu vereinigen. Um den inneren Frieden zu sichern, verbot er das Tragen von Waffen.

Wusstest du?
Messer strengstens verboten!
Das Waffenverbot des japanischen Stadthalters nannte man Katanagari (»Jagd nach Schwertern«). Alles, was eine Klinge hatte, war verboten. Jedem Dorf wurde nur ein (!) Küchenmesser zugestanden, das, streng bewacht, mit einem Seil am Dorfbrunnen (oder an einer anderen zentralen Stelle) befestigt wurde. Wer das Messer brauchte, musste es sich ausleihen und wieder zurückbringen.

Der König ließ alle Waffen einsammeln und in sein Schloss nach Shuri bringen. Schließlich gab er Befehl, dass alle Mitglieder des okinawischen Adels sich in seiner Nähe in der damaligen Hauptstadt Shuri niederzulassen hatten.

Als Konsequenz entstanden auf Okinawa zwei Schulen der Selbstverteidigung. Die erste, die waffenlose Kunst des Todes, wurde hauptsächlich vom Adel entwickelt und ausgeübt. Wichtigstes Merkmal war der Einsatz der Hand, insbesondere der geballten Faust. Die Fischer und Bauern hingegen entwickelten Waffensysteme, bei denen Werkzeuge und landwirtschaftliche Geräte (Dreschflegel, Sicheln, Paddel) zu tödlichen Waffen umfunktioniert wurden (genannt Kobudo). Beide Kampftechniken wurden unter strengster Geheimhaltung praktiziert.

GESCHICHTE

1609 besetzte der japanische Satsuma-Clan die Insel, Okinawa verlor seine Unabhängigkeit. Das allgemeine Waffenverbot wurde erweitert und schwere Strafen angedroht. Zu jener Zeit fanden die Kampfkünste Okinawas als reine Form der Selbstverteidigung enormen Aufschwung. Verschiedene Gemeinschaften schlossen sich zusammen. So entstand neben vielen geheimen Kampfkünsten das Karate, welches aber zunächst Okinawa-te (Okinawa-Hände) hieß. Es wurde nur an geheimen Orten im Verborgenen geübt.

Das Waffenverbot zur Sicherung des inneren Friedens im Lande wurde zur damaligen Zeit von vielen Königen und Herrschern immer wieder ausgesprochen. So wurde die Selbstverteidigung mit bloßen Händen immer wichtiger.

Gichin Funakoshi (1868–1957), der Vater des modernen Karate-Do

Es gibt viele Legenden und Erzählungen über die Geschichte dieser Selbstverteidigungskunst. Eine der ersten vollständigen Aufzeichnungen ist Meister Gichin Funakoshis Buch »Karate-do – Mein Lebensweg«. Einige Meister des Okinawa-te bereisten China, um weitere Erfahrungen für ihre Fertigkeiten zu sammeln, dann kehrten sie zurück und gaben ihr Wissen an ihre Familien weiter. Einer brach diese Tradition am Anfang des 20. Jahrhunderts und reiste statt nach China nach Japan: Es war Gichin Funakoshi.

Wusstest du?
Woher kommt der Name Shotokan?

Gichin Funakoshi schrieb nebenbei Gedichte unter dem Namen »Shoto« (Shoto bedeutet »das Rauschen der Kiefernwipfel«). Sein Dojo (Dojo bedeutet Übungsstätte) wurde 1939 nach seinem Künstlernamen »Shotokan« (»Kan« bedeutet Halle) genannt. So trägt das Karate des Gichin Funakoshi noch heute den Namen »Shotokan-Karate«.

Gichin Funakoshi wurde am 24. April 1868 auf Okinawa geboren. Er war als Kind eher klein und kränklich. Um dies zu ändern, fing er an Karate bei den zwei berühmtesten Meistern seiner Zeit zu lernen, Azato und Itosu. Es war für ihn eine harte Zeit mit vielen Entbehrungen. Aber er lernte den Wert einer Freundschaft kennen, die ihn bis zu seinem Lebensende mit seinen Lehrern verband.

Als Erwachsener verdiente er sich sein Geld lange als Grundschullehrer. Funakoshi war ein sehr friedliebender Mensch. Eine Geschichte über ihn erzählt zum Beispiel, dass er einmal freiwillig Dieben den Kuchen gab, den er als Opfergabe für seine Ahnen vorgesehen hatte. Dies tat er, obwohl er den Männern haushoch überlegen war.

Kara-te

Nach einer Karatevorführung 1922 auf Okinawa, wurde Gichin Funakoshi auf Wunsch des damaligen Kronprinzen Hirohito nach Japan eingeladen, um Karate vorzustellen. Nach der Vorführung wollte er eigentlich wieder nach Okinawa zurück, blieb aber dann doch auf vielfachen Wunsch in Japan. Er reiste durch das ganze Land, um Vorträge zu halten und Vorführungen zu geben. Er unterrichtete Okinawa-te und machte mit Erfolg auf diese Kampfkunst aufmerksam. Okinawa-te wurde für die Erziehung anerkannt und an den Schulen als Sport gelehrt.

Er bildete viele Schüler aus und legte immer Wert auf die Selbstentwicklung jedes Einzelnen. Damals wurde zum ersten Mal der Name Kara-te (leere Hand) erwähnt und unter diesem Namen verbreitete sich diese Kunst sehr schnell.

Im Laufe der Zeit entwickelte sich Karate von einer traditionellen Kampfkunst zu einem modernen Kampfsport.

Nach dem 2. Weltkrieg begannen einige Schüler Funakoshis eigene Wege zu gehen. Masathoshi Nakayama und Hidetaka Nishiyama gründeten 1949 die Japan Karate Association (JKA), mit Funakoshi als Chefausbilder. Außerdem entwickelten sie ein Wettkampfsystem.

1957 wurde Karate in Deutschland eingeführt und verbreitete sich dort sehr schnell. So schlossen sich 1960 die ersten Vereine zum Deutschen Karate Bund (DKB) zusammen.

Seit 1970 werden jedes Jahr offizielle Weltmeisterschaften ausgetragen.

Der Deutsche Karate Verband (DKV) wurde 1976 gegründet und 1993 der Deutsche JKA-Karate Bund (DJKB).

Große Meister der Vergangenheit und Gegenwart

Gichin Funakoshi (1868–1957)
Gründer des modernen Karate auf Okinawa.
Er verbreitete Karate als Schulsport in Japan.

Masathoshi Nakayama (geb. 1913 in Tokio –1987)
Träger des 10. Dan.
Sein Karatestudium begann er 1931 unter Gichin Funakoshi. Nach dem Examen an der Takushoku Universität ging er 1937 nach Peking. Er wollte Karate in einen Wettkampfsport verwandeln und weltweit verbreiten. Daher gründete er 1949 mit anderen gemeinsam die JKA (Japan Karate Association), eine der mittlerweile größten Karate-Vereinigungen der ganzen Welt. 1955 berief man ihn zu deren Chefausbilder.

Hidetaka Nishiyama (geb. 1928 in Tokio)
Seit 1.11.2003 Träger des 10. Dan.
Japanischer Karatemeister.
Er begann sein Karatestudium 1943 ebenfalls unter Gichin Funakoshi. Später studierte er an der Takushoku Universität Wirtschaftslehre und wurde einer der Mitbegründer der JKA zusammen mit Masathoshi Nakayama und Obata Isao, der er zeitweise als Cheftrainer vorstand. Er schuf erste Regeln für den Wettkampf im Karate.
1960 wanderte er nach Amerika aus und hat sein »Dojo« in Los Angeles.

Hideo Ochi (geb. 1940)
Träger des 8. Dan.
Japanischer Karatelehrer, der von 1970 bis 1976 Bundestrainer im DKB (Deutscher Karate Bund) und nach Gründung des DKV 1976 (Deutscher Karate Verband) Nationaltrainer des DKV war. 1993 gründete er seinen eigenen Verband, den Deutschen JKA Karate Bund (DJKB).

Koichi Sugimura (geb. 1940)
Träger des 7. Dan.
Karate-Instruktor der Japan Karate Association (JKA), von 1966–1970 war er als Karatelehrer an der Universität Freiburg tätig. Seit 1971 lebt er in Zürich und unterrichtet dort. Lange Zeit war er erfolgreicher Trainer der Schweizer Karate-Nationalmannschaft.

Efthimios Karamitsos wurde 1956 in Griechenland geboren und ist Träger des 6. Dan.
1975 begann er in Italien mit Karate und kam 1977 nach Deutschland. Er studierte Sportwissenschaften in Frankfurt/Main. Er war 2-mal WM-Dritter, 6-mal Europameister und 8-mal Deutscher Meister im Kata-Einzel. Seit 1992 ist er Bundestrainer des Deutschen Karate Verbandes e.V. (DKV) in Frankfurt und hat auch dort seit 1996 sein eigenes Dojo.

2. KAPITEL

Karate: Bedeutung und Trainingsbereiche

Was ist Karate?

Die Bedeutung des Wortes Kara-te:

Selbstverteidigung mit »leeren« Händen

Kara-te besteht aus den Silben:

Kara (= leer) und **Te** (= Hand), bedeutet also »mit leerer Hand«

»**Karate-Do**«, was man aber viel seltener hört, bedeutet daher: »der Weg der leeren Hand«.
Do (= Weg)

Kara

Te

Do

Karate ist seit vielen Jahrhunderten eine waffenlose Kampfkunst zur Selbstvereidigung und ein äußerst effektives Fitnesstraining.

Im Karatetraining verwendet man kraftvolle Stöße, Schläge und Tritte, die vor dem Ziel aber gestoppt werden. Das heißt, dass du deinen Gegner nicht triffst. Die Bewegung wird vorher gestoppt.

Damit jeder erkennen kann, wie weit du es im Karate schon geschafft hast, wird deine Leistung durch farbige Gürtel gekennzeichnet.

Karate als Ganzkörpertraining

Du wirst staunen, was du alles trainieren kannst, dein ganzer Körper ist dabei im Einsatz.

Du lernst, dich besser zu konzentrieren, dein Selbstbewusstsein wird gestärkt, Kraft und Ausdauer werden trainiert.

Im Laufe der Zeit entwickelst du eine Geschicklichkeit und Schnelligkeit, die du vorher nicht kanntest.

Im Training und im Wettkampf werden Achtung, Fairness, Rücksicht und Respekt vor dem Partner gefordert, mehr als bei jedem anderen Sport.

Konzentration
Damit du dir das Aneinanderreihen der verschiedenen Karatetechniken merken kannst, musst du dich konzentrieren. Die Bewegungen werden exakt ausgeführt, eine echte Herausforderung für deine Konzentration.

Kondition
Du trainierst auch deine Ausdauer, damit du in Zukunft nicht so schnell aus der Puste kommst. Durch die Aufwärmübungen und das Wiederholen der Karatetechniken wird deine Kondition immer besser.

Flexibilität
Das ist die Beweglichkeit deines Körpers, sie ist zwischen dem 11. und dem 14. Lebensjahr am höchsten. Zu einem richtigen Karatetraining gehören daher auch immer Lockerungs- und Dehnübungen, damit die Muskeln, Gelenke und Sehnen beweglich werden und bleiben.

Koordination
Koordination heißt, dass das Gehirn und die Muskulatur optimal aufeinander abgestimmt sind.

Wenn du z. B. umzufallen drohst, gibt das Gehirn an die notwendigen Muskeln Befehle. Bestimmte Bewegungen vermeiden dann den Sturz.

Kraftaufbau
Durch regelmäßige Kräftigungsübungen wird die Muskulatur gestärkt, dadurch stabilisieren sich deine Gelenke und Bänder und machen sie so widerstandsfähiger gegen Belastungen.

Schnelligkeit/Reaktionsfähigkeit
Durch das Üben der Techniken bekommst du mit der Zeit die Fähigkeit, die Techniken in hoher Geschwindigkeit auszuführen. Das bedeutet für dein tägliches Leben, dass deine Reaktionsfähigkeit immer besser wird.

Aufmerksamkeit/Wachsamkeit
Durch ein richtiges Karatetraining wird deine Aufmerksamkeit geschult. Um die Anweisungen deines Trainers umsetzen zu können und um beim Partnertraining deinen Partner nicht zu verletzen, musst du aufmerksam und wachsam sein. So bist du in der Lage, Gefahrensituationen und plötzliche Veränderungen, z.B. im Straßenverkehr, schneller und früher zu erkennen und dementsprechend zu handeln.

Willst du etwas Großes erreichen, darfst du nicht vergessen, den kleinen Dingen Aufmerksamkeit zu schenken. Denn aus der Anhäufung von kleinen Dingen erwächst das Große.

Ninomya Sontohu

Was macht man in Karate?

Das Training besteht aus 3 Bereichen: Kihon, Kata und Kumite.

Kihon (Grundschule)

In der Grundschule lernst du als Anfänger zunächst die Grundtechniken, die aus zahlreichen Abwehr- und Angriffstechniken bestehen.

Wichtig sind: korrekter Stand
Gleichgewicht
Koordination
richtige Atmung
Zielgenauigkeit

Die Grundschule kannst du mit den Grundrechenarten und dem ABC in der Grundschule vergleichen. Das heißt, wenn du z. B. das 1x1 nicht richtig gelernt hast, wirst du später bei Rechenaufgaben immer Schwierigkeiten haben.

Wusstest du?
Kata – eine Geduldsprobe?
Ganze drei Jahre wurde bei den alten Meistern als Minimum angesehen, eine Kata zu üben, bevor eine neue erlernt werden durfte. Gichin Funakoshi musste sogar 10 Jahre lang die Kata »Tekki« trainieren, bis sein Meister zufrieden war.

Kata (stilisierte Form des Kampfes)

Das ist ein festgelegter Ablauf von Techniken aus dem Bereich der Grundschule Kihon. Es gibt 27 verschiedene Katas. Eine Kata besteht aus einer genau festgelegten Reihenfolge von Grundtechniken (Angriffs- und Abwehrtechniken), wobei es hier viele interessante Drehungen und Richtungswechsel gibt. Somit ist die Kata ein ganz wichtiges Element des Karates.

Je nach Gürtelfarbe werden die Katas länger und schwieriger, aber auch interessanter.

Die erste Kata heißt z. B. Heian Shodan, hier werden 21 Techniken aneinandergereiht. Der Ablauf dauert ca. 25 Sekunden.

Anfangs wird die Kata langsam eingeübt und erlangt nach vielem Üben immer mehr an Dynamik und Schnelligkeit und auch an Rhythmus.

> **Psst! Kata – ein großes Geheimnis?**
> Früher gab es keine Bücher über Karate. Viele der alten Karatemeister verschlüsselten oft ihren persönlichen Kampfstil in den Bewegungsabläufen der Kata. Diese Erkenntnisse unterlagen strenger Geheimhaltung und wurden nur bei einer engen und tiefen Meister-Schüler-Beziehung an die eigenen Schüler weitergegeben.

Je nachdem, wie gut du deine Techniken beherrschst und wie schnell du bist, bringst du bei einer Kata deine eigene Persönlichkeit zum Ausdruck.

Deine Koordination und Konzentration wird durch das Erlernen und Üben der Katas gesteigert.

Kumite (Partnerübungen)

Im Kumite lernen wir die Anwendung der Techniken, die wir in der Grundschule gelernt haben, zusammen mit einem Partner zu üben.

Wir treffen jedoch unseren Partner nicht. Das heißt, wir müssen in der Lage sein, unsere Karatetechnik kurz vor dem Ziel zu stoppen. Dies erfordert ein hohes Maß an Körperbeherrschung, die du im Laufe der Zeit bekommst.

Achtung, Respekt und Rücksichtnahme sind besonders beim Partnertraining ganz wichtig. Auch im Kumite gibt es je nach Gürtelfarbe festgelegte Partnerübungen (Kumiteformen), die je nach Können bis zum freien Kampf führen.

Freier Kampf:
Der freie Kampf ist die höchste Form des Kumite. Hier kannst du alle Techniken anwenden, es gibt keine vorgeschriebene und festgelegte Reihenfolge. Es gibt aber strenge Regeln, um den anderen nicht zu verletzten.

Karate beginnt mit Respekt und endet mit Respekt!

Asiatische Weisheit:
»Keine Straße ist lang, mit einem Freund an der Seite.«

3. KAPITEL
Wichtige Begriffe

Do – der Weg

Do ist der »Weg«, den ein Karateka geht. Es ist der »Weg« zu lernen, sich eine Aufgabe zu stellen und an ihr zu arbeiten.

Es ist das Ziel, eine Technik so auszuführen, dass sie anwendbar und nutzbar ist, eine Sache, die viel Zeit und Übung erfordert. Hier beginnt der Weg, das eigentliche Do.

> **Eine chinesische Weisheit:**
> *»Fürchte dich nicht vor dem Langsamgehen, aber hüte dich davor, stehen zu bleiben.«*

Früher sagte man Karate-Do, mit der Zeit ließ man das »Do« weg, welches jedoch im Judo, Aikido oder Taekwondo noch mitbetont wird.

Dojo – die Übungsstätte

»Dojo« ist Japanisch und so heißt der Raum, in dem wir Karate trainieren. Heute sagt man auch, die Schule oder der Verein, in dem wir Karate üben.

Wusstest Du?
Die Dojos waren ursprünglich Räume in Klöstern und Tempeln, in die man sich zur Meditation zurückzog. Meditation kommt aus dem Lateinischen von »meditare« und heißt „nachdenken".

Auch im heutigen Karate spielt die Entspannungsphase noch eine wichtige Rolle, hierbei wollen wir uns auf das Training vorbereiten.

> **Dojo-Regeln**
> Sei höflich und bescheiden,
> vervollkomme deinen Charakter,
> sei gerecht und hilfsbereit,
> sei geduldig und beherrscht,
> sei mutig.

Sensei – der Lehrer
Der Sensei ist der »Meister«, der sein Wissen und sein Können verantwortungsvoll an seine Schüler weitergibt und ihnen den »Weg« = »Do« zeigt.

Kohai – der Schüler
Früher war der Schüler demütig dem Lehrer gegenüber, denn es war eine große Ehre für den Schüler von seinem Sensei zu lernen. Die Schüler hatten großen Respekt und Ehrfurcht. Geduldig folgten sie immer wieder und wieder seinen Anweisungen, aber das sollte man heute noch genauso tun.

Karateka – der, der Karate ausübt
Jeden, der diesen wunderbaren Sport betreibt, nennt man Karateka, also egal ob Lehrer oder Schüler.

Rei – der Gruß – die Verbeugung
Ein wichtiger Bestandteil ist die Höflichkeit und der Respekt voreinander, dies zeigen wir durch eine Verbeugung, wenn wir das Dojo betreten oder verlassen. Der gleiche Gruß im Stand erfolgt auch bei jeder Übung mit dem Partner, dem wir damit auch unseren Respekt und unsere volle Aufmerksamkeit geben.

WICHTIGE BEGRIFFE

Unser Karategruß vor und nach dem Training:
So drücken wir Respekt und Achtung vor dem Partner aus und nutzen die Zeit, uns innerlich auf das Training vorzubereiten. Alle Gedanken, Freuden und Probleme des Tages bleiben vor der Türe.

Dabei knien alle Schüler in einer Reihe vor ihrem Sensei (Trainer). Wir schließen die Augen. Der Sensei sagt auf Japanisch: **Mokuso**. Die Augen bleiben geschlossen, bis der Sensei sagt, dass wir die Augen wieder öffnen dürfen, das heißt: **Mokuso-yame**. Die Antwort daraufhin lautet: **Sensei ni rei**, das ist der Gruß zum Lehrer. Derjenige, der ganz außen rechts in der Reihe sitzt, sagt diese Worte. Beendet wird die Begrüßung dann mit einer Verbeugung vor dem Trainer. Das Gleiche erfolgt dann nochmals nach dem Training.

Oss – Das Wort der Wörter

Im Karate benutzen wir das Wort »Oss« für fast alles. Übliche Bedeutungen sind: Ja, Okay, Danke, Bitte, ich habe verstanden! Es ist auch ein Grußwort zu einem anderen Karateka.

Verbeugen wir uns beim »Oss«, drücken wir damit Respekt, Vertrauen und Sympathie unserem Gegenüber aus. Es zeigt auch dem Sensei, dass wir verstanden haben, was er gesagt hat und seinen Anweisungen folgen.

Diskussionen während eines Karatetrainings gibt es nicht, geantwortet wir nur mit »Oss«.
Durch das Wort »Oss« wird auch der Dank am Ende des Unterrichts ausgedrückt.
Du kannst »Oss« auch als unser Karate-Passwort bezeichnen!

Kime – Anspannung des ganzen Körpers – Freisetzung der Energie

Als Kime bezeichnet man im Karate den kurzen Moment größter Körperspannung am Ende eines Stoßes, Schlages oder Trittes. In diesem Augenblick steckt die Konzentration der gesamten Energie in einem Punkt. Gerade für uns Anfänger ist die Kime sehr schwer, da alle Muskeln bis zum letzten Moment völlig locker bleiben. Nur in dem Moment des Auftreffens oder am Ende der Technik, soll Kime, die volle Anspannung des ganzen Körpers, zur Wirkung kommen. Sofort danach soll der Körper wieder völlig entspannt sein, und damit sofort wieder bereit für die nächste Technik.

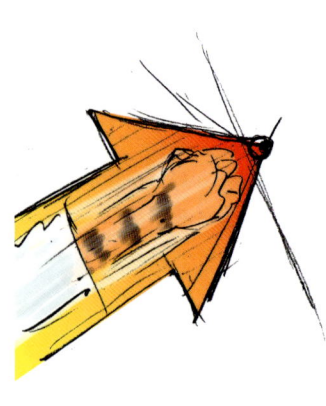

Stell dir das so vor:
Vor dir steht ein volles Glas mit Wasser, du stößt daran und es fällt um. Um das Umfallen zu verhindern, wirst du reflexartig nach dem Glas greifen, die Bewegung erfolgt fast unbewusst, schnell und ohne jegliche Anspannung und Verkrampfung. So sollten wir auch unsere Bewegungen ausführen – plötzlich, schnell und locker. Erst im Moment des Auftreffens endet die Technik mit der völligen Anspannung der gesamten Muskulatur. Dieser Punkt wird Kime genannt.

Kiai – Kampfschrei

Als »Kiai« bezeichnet man einen kurzen, stoßartigen Schrei am Ende einer Karatetechnik. Die Technik endet also bei der Ausatmung mit einem Kiai.

Der »Kiai« ist nur die Bezeichnung für einen Schrei, d. h. dieser ist individuell und hört sich bei jedem anders an.

Der Kiai ist der Höhepunkt der Ausatmung im Moment der vollen Anspannung der Bauch- und Rückenmuskulatur.

Der Kiai zeigt die Energie, die im Körper steckt.

So einen »Schrei« hörst du auch oft in der Leichtathletik, z. B. beim Kugelstoßen, Diskus und Speerwurf oder beim Tennis.

Zen – Lebenshaltung

Zen entwickelte sich über den Buddhismus. Dies darf aber nicht als Religion verstanden werden, sondern ist eine Lebenshaltung des aktiven Handelns und des geradlinigen Strebens.

Kommandos

Im Training hören wir viele Kommandos, die auf Japanisch gesprochen werden.

Hier die wichtigsten:

Mokuso	Augen zu!
Mokuso yame	Augen auf!
Sensei ni rei	Gruß zum Lehrer
Oss	Ja – OK! Habe verstanden! auch Grußwort zum Gegenüber
Shizen-tai	Normalstellung
Yoi	Achtung! Passt auf! (Ausgangsstellung)
Hajime	Fangt an! Auf die Plätze, fertig, los!
Mawatte	Wenden
Yame	Halt! Stop!

WICHTIGE BEGRIFFE

Zahlen

Hier siehst du die Zahlen 1–10 auf Japanisch.

1 ichi *(sprich: itsch)* 一

2 ni 二

3 san 三

4 shi *(sprich: schi)* 四

5 go 五

6 roku *(sprich: rock)* 六

7 shichi *(sprich: schitsch)* 七

8 hachi *(sprich: hatsch)* 八

9 kyu 九

10 ju *(sprich: dschu)* 十

DIE AUSRÜSTUNG – DER GI

4. KAPITEL

Die Ausrüstung

Der Gi – der Anzug

Die japanische Bezeichnung für den weißen Baumwollanzug, den man beim Karate trägt, ist Gi. Er besteht aus einer langärmeligen Jacke und einer Hose, die mit einem Band festgezogen wird.

Der Karate-Gi entwickelte sich aus dem traditionellen Unterkleid, das unter dem Kimono getragen wurde. Noch heute findet man es als traditionellen Hausanzug auf japanischen Märkten.

So sieht ein Karate-Gi aus:

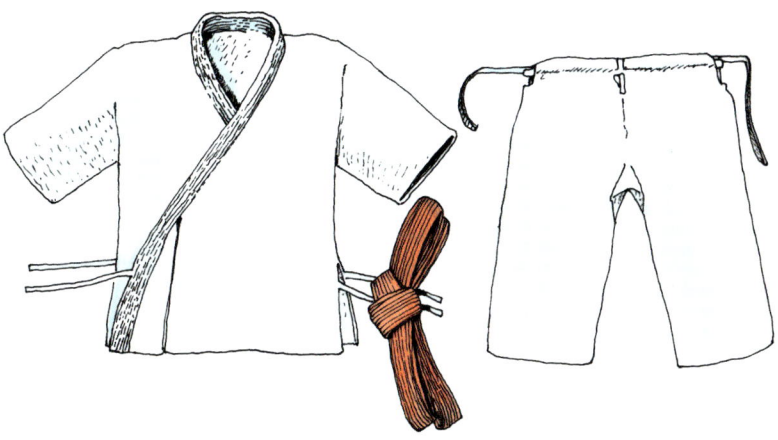

Die Gürtelfarben

Die Gürtelfarben zeigen uns die Leistungsstufe eines Karatekas, vom Anfänger bis zum Meister.

Wir beginnen mit weiß:
Du kannst dir die Reihenfolge gut merken, wenn du dir das passende Bild dazu vorstellst!

Weiß Anfänger
Schnee liegt in der Landschaft

Gelb Der Schnee schmilzt,
die gefrorene Erde leuchtet gelb

Orange Die Sonne erwärmt die Erde.
Sie ist fruchtbar.

Grün Der Samen keimt,
ein Pflänzchen kommt.

Blau oder Die Pflanze wächst zum blauen Himmel,
Violett sie wird langsam stärker.

Braun Der Baum hat eine starke Rinde.
Er ist jetzt ausgewachsen.

Schwarz Meister
Der Lehrer des Weges (Do)

DIE AUSRÜSTUNG – DIE GÜRTELFARBEN

Ein Schüler durchläuft neun Prüfungen, bevor er sich der Prüfung zum ersten Meistergrad stellen kann.

9. Kyu   = Weißer Gürtel

8. Kyu   = Gelber Gürtel

7. Kyu   = Oranger Gürtel

6. Kyu   = Grüner Gürtel

5. Kyu   = 1. Blauer oder Violetter Gürtel

4. Kyu   = 2. Blauer oder Violetter Gürtel

3. Kyu   = 1. Brauner Gürtel

2. Kyu   = 2. Brauner Gürtel

1. Kyu   = 3. Brauner Gürtel

ab 1. Dan = Schwarzer Gürtel

Kyu heißt übersetzt »Klasse«, gemeint ist damit der Schülergrad.

Dan heißt übersetzt »Stufe«, gemeint ist damit der Meistergrad.

Die Hygiene

Karate trainieren wir barfuß. Deswegen sollten unsere Füße auch sauber sein. Die Zehen- und Fingernägel dürfen nicht zu lang sein, damit wir niemanden verletzen.

Aus dem gleichen Grund wird auch jeder Schmuck vor dem Training abgelegt.

GRUNDSTELLUNGEN

5. KAPITEL

Stehen und Gehen Schrittstellungen

Sicher stehen:
Sei entspannt, aber bereit loszulegen!

»Shizen-tai« – Normalstellung
Das ist unsere normale Ausgangsstellung vor Beginn des Karates, aber auch vor jeder Übung, jeder Kata und beim Partnertraining. Dein Körper ist entspannt, aber bereit für Action.

Unter dem Sammelbegriff Shizen-tai unterscheiden wir zwischen:

Heisoku-dachi (geschlossene Fußstellung) | Musubi-dachi (offene Fußstellung, Fersen zusammen) | Heiko-dachi (Füße parallel und schulterbreit auseinander) | Hachiji-dachi (Füße leicht nach außen, schulterbreit auseinander)

»Shizen-tai« – »Yoi«

Stehe bequem, mit beiden Beinen fest am Boden.
Die Füße zeigen leicht nach außen (Musubi-dachi).

Bleib locker! Der Rücken ist gerade, die Arme liegen seitlich an deinen Oberschenkeln an.
Nach einer kurzen Verbeugung stehen wir wieder gerade.

Musubi dachi   kurze Verbeugung

GRUNDSTELLUNGEN

»Yoi« – Jetzt geht's los! Überkreuze deine Arme vor dem Körper und schließe dabei die Hände zur Faust. Während dieser Bewegung geht dein rechter Fuß leicht zur Seite, so dass du ungefähr schulterbreit stehst. So stehst du mit geradem Rücken, die Füße schulterbreit auseinander und die Fäuste vor deinen Oberschenkeln. Bereit, wie ein aufmerksamer Tiger!

Musubi-dachi

Die Arme kreuzen wir vor dem Körper

Hachiji-dachi
Das rechte Bein bewegt sich nach rechts, die Fäuste gehen auseinander

Hier eine kleine Übersicht:

Hachiji-dachi	Füße leicht nach außen und schulterbreit auseinander
Musubi-dachi	Füße leicht nach außen und Fersen zusammen
Heisoku-dachi	Füße parallel und geschlossen
Heiko-dachi	Füße parallel und schulterbreit auseinander

Sicher gehen: Immer im Gleichgewicht

Die Grundlage jeder Karatetechnik ist die richtige Stellung (Dachi). Sie gibt dir die nötige Stabilität und das Gleichgewicht, um Abwehr- und Angriffstechniken kraftvoll ausführen zu können.

Stell dir das so vor: je besser das Fundament (z. B. Keller) eines Hauses ist, desto stabiler und fester steht das Haus bei Sturm und Unwetter.

Die 3 Grundstellungen
Die verschiedenen Stellungen bilden das Fundament, also die Basis für alle Karatetechniken. Jeder Schritt dient einem besonderen Zweck.

Zenkutsu-dachi Kiba-dachi Kokutsu-dachi

GRUNDSTELLUNGEN – ZENKUTSU-DACHI

1. Schrittstellung
Zenkutsu-dachi – Vorwärtsstellung

Der Schwerpunkt, bzw. das Gewicht, liegt auf dem vorderen Bein.

Wie stehe ich?
Dein vorderes Bein ist stark gebeugt, dein hinteres Bein ganz gestreckt. Deine Füße sind fest auf dem Boden und nach vorne gerichtet.

Der Oberkörper ist gerade, das Gewicht deines Körpers ruht zum Großteil auf dem vorderen Bein. Von vorne betrachtet, sind deine Füße etwa schulterbreit auseinander, so stehst du sicher und stabil.

Wie gehe ich?
Bewegung im Zenkutsu-dachi oder der Bananenschritt: Alles Banane oder was? Jetzt kommt tatsächlich die Banane ins Spiel!

Nicht weil sie so gut schmeckt, sondern weil ihre gekrümmte Form das Vorbild für die Vorwärts- und Rückwärtsbewegung im Zenkutsu-dachi ist. Deshalb nennen wir diese Bewegung, um es uns besser vorstellen zu können, im Kindertraining auch Bananenschritt.

Obwohl die Stellung als Vorwärtstellung bezeichnet wird, kann man mit dieser Bewegung vorwärts und auch rückwärts gehen.

Wusstest du?
Vorteil des Zenkutsu-dachi:
Diese Stellung eignet sich besonders zur Überbrückung großer Distanzen.

Mit dieser Stellung kannst du schnelle und überraschende Angriffe ausführen, auch wenn der Gegner weiter entfernt ist.

GRUNDSTELLUNGEN – ZENKUTSU-DACHI

Du stehst schulterbreit, dein vorderes Bein ist gebeugt, dein hinteres Bein ist gestreckt.

Beim Vorwärtsgehen bewegst du das hintere Bein über das vordere in einem Bogen (Banane) nach vorne. Der Fuß, der sich bewegt, sollte nur ganz leicht vom Boden angehoben werden. Du schleichst also lautlos über den Boden, wie der Tiger im Dschungel.

Am Ende der Bewegung im Zenkutsu-dachi, ist das hintere Bein immer gestreckt und das vordere immer stark gebeugt!

Beim Rückwärtsgehen ziehst du das vordere Bein wieder in einem Bogen nach hinten.

Beachte:

Bleibe bei jeder Vor- oder Rückwärtsbewegung auf einer Höhe (Linie), d. h. bewege deinen Körper nicht nach unten oder oben. Also genauso wie eine schleichende Raubkatze! Die Fußsohlen sollten am Ende der Bewegung unbedingt ganz am Boden aufliegen und du stehst schulterbreit, um einen sicheren und festen Stand zu haben.

GRUNDSTELLUNGEN – KOKUTSU-DACHI

2. Schrittstellung
Kokutsu-dachi – Rückwärtsstellung

Der Schwerpunkt liegt auf dem hinteren Bein.

Wie stehe ich?
Dein vorderer Fuß zeigt nach vorne, das Knie ist nur leicht gebeugt. Der hintere Fuß ist um 90° im rechten Winkel nach außen gedreht und das Knie ist stark gebeugt. Ein Großteil deines Gewichts liegt auf dem hinteren Bein. Der Abstand zwischen deinen Füßen ist wieder ungefähr zwei Schulterbreiten. Dein Oberkörper ist auch hier gerade.

Im Gegensatz zum Zenkutsu-dachi (schulterbreit), stehst du im Kokutsu-dachi mit den Fersen auf einer Linie.

Kokutsu-dachi

Wusstest du?
Vorteil des Kokutsu-dachi:
Beim Kokutsu-dachi liegt der Schwerpunkt des Körpers auf dem hinteren Bein.
Da man so Angriffen besser ausweichen kann, nehmen wir diese Stellung hauptsächlich in Verteidigungssituationen ein.

Wie gehe ich? – Bewegung im Kokutsu-dachi

Wenn du nach vorne gehst, verlagerst du das Gewicht, also deinen Schwerpunkt, über das vordere Bein nach vorne. Dies gelingt dir am besten, indem du das hintere Bein streckst und das vordere Bein, also das Knie, stark beugst.

Dann ziehst du das hintere Bein auf einer Linie nach vorne und setzt es ab. Das Bein, welches bei der Vorwärtsbewegung stark gebeugt ist (Standbein), bleibt während der ganzen Bewegung gebeugt.

Bevor du das Bein vorn aufsetzt, dreht sich das andere Bein (hintere Bein) zur Seite (90 Grad), so dass es im rechten Winkel nach außen zeigt.

Beachte:
Bleibe mit deinem Körper wieder auf einer Höhe, also wackle nicht auf und nieder und halte deinen Oberkörper gerade.

GRUNDSTELLUNGEN – KIBA-DACHI

3. Schrittstellung
Kiba-dachi – Seitwärtsstellung

Der Schwerpunkt ist in der Mitte.

Wie stehe ich? – Der Reiter ohne Pferd

Wir stehen seitlich und die Füße sind auf einer Linie in ungefähr doppelter Schulterbreite auseinander. Du stehst also sehr breitbeinig, genauso wie wenn du auf einem Pferd in einem dicken, ledernen Sattel sitzen würdest. Die Fußspitzen zeigen in die gleiche Richtung nach vorne. Die Knie sind stark gebeugt. Die Haltung des Oberkörpers ist gerade. Deine Arme hältst du am besten gestreckt zur Seite.

> **Wusstest du?**
> **Vorteil des Kiba-dachi:**
>
> Diese Stellung wird eingenommen, wenn Karate-Techniken zur Seite hin ausgeführt werden, wie zum Beispiel die Beintechnik Yoko-geri.

Wie gehe ich? – Bewegung im Kiba-dachi

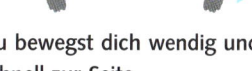

Du bewegst dich wendig und schnell zur Seite.
Die Fortbewegung in Kiba-dachi erfolgt mit einem seitlichen Übersetzen der Beine.

Du kreuzt den Fuß vor dem Standbein und setzt ihn ganz knapp dahinter auf. Danach ziehst du den anderen Fuß nach und setzt ihn in einer geraden Linie seitlich ab.

Die Fußspitzen zeigen immer in dieselbe Richtung, die Füße sind also parallel.

Wusstest Du?
Das Pferd im Krebsgang

»Kiba« heißt auf Deutsch »Reiter«. Da diese Karate-Stellung an die Sitzhaltung im Pferdesattel erinnert, wird sie auch Reiterstellung genannt. Wenn du dann zur Seite gehst, sieht das aus wie ein Pferd im Krebsgang. Sozusagen die »Hohe Schule« der Reitkunst im Karate.

Auch hier gilt es, ein »auf und ab« unbedingt zu vermeiden, also bewege dich wieder wie eine schleichende Raubkatze. Bleibe bei jeder Vor- oder Rückwärtsbewegung auf einer Höhe, d. h. bewege deinen Körper nicht nach unten oder oben. Deine Knie sind also während der ganzen Bewegung gebeugt!

Übersicht: Die Technik
Grundstellungen im Überblick

Stellung	Zenkutsu-dachi	Kokutsu-dachi	Kiba-dachi
deutsch:	Vorwärtsstellung	Rückwärtsstellung	Seitwärtsstellung
Stellung	schulterbreit	auf einer Linie	seitlich
Schrittlänge	doppelte Schulterbreite	doppelte Schulterbreite	doppelte Schulterbreite
Schwerpunkt	vorderes Bein	hinteres Bein	in der Mitte
Bewegung	im Halbkreis (Bogen), hinteres Bein gestreckt, vorderes Bein gebeugt	auf einer Linie, hinteres Bein stark gebeugt, vorderes Bein leicht gebeugt	seitlicher Übersetzschritt, beide Beine parallel gebeugt, nach vorne gerichtet
Fortbewegung	vorwärts + rückwärts	vorwärts + rückwärts	seitlich
Anwendung	um sehr schnell große Entfernungen zurückzulegen	um Angriffen auszuweichen	um seitlich anzugreifen

ANGRIFFSTECHNIKEN

6. KAPITEL:

Der Angriff
Angriffstechniken mit der Faust

Grundlagen –
Was ist für alle Techniken wichtig?

Das richtige Schließen der Hand zur Faust:

 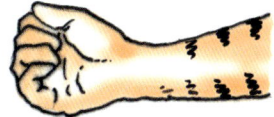 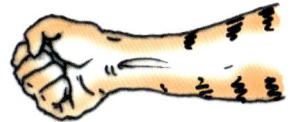

Deine Faust spielt im Karate eine große Rolle.
Hier ist besonders wichtig, wie du die Hand richtig
zur Faust schließt.

Rolle die Finger eng und fest nach innen.
Lege den Daumen angewinkelt über Zeige- und
Mittelfinger.

Trefferfläche

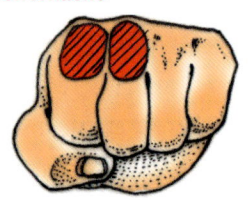

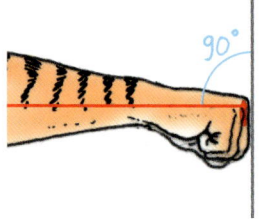

Achte darauf, dass der Daumen außen ist und sich bei der Faust nicht unter deinen Fingern versteckt. Bei einem harten Schlag könntest du ihn sonst verletzen.

Halte den Handrücken gerade, damit das Handgelenk stabil ist.

Jodan
Chudan
Gedan

Verschiedene Bereiche deines Körpers: Jodan/Chudan/Gedan

Man unterscheidet bei allen Verteidigungs- und Angriffstechniken 3 verschiedene Abschnitte deines Körpers, je nachdem auf welchen Teil deines Körpers der Angriff zielt.

Angriffsstufen

Jodan	Chudan	Gedan
Kopfbereich	Brust-, Magen- und Bauchbereich	Bereich unterhalb des Gürtels

ANGRIFFSTECHNIKEN – DER ZUKI

Angriffstechniken mit der Faust:

Versuche immer einem Angriff auszuweichen oder ihn abzuwehren. Nur wenn wir keine andere Möglichkeit sehen, müssen wir auch angreifen, um uns zu verteidigen. Wenn ein Ausweichen nicht möglich ist, führe die Abwehr so wie einen Angriff aus, also hart und schnell.

Der Zuki (Fauststoß)

Der Zuki (Fauststoß) ist eine der wichtigsten und am häufigsten trainierten Techniken im Karate. Bei einem Zuki kommt fast deine gesamte Körpermuskulatur zum Einsatz. Durch die Beschleunigung des Armes erhält der Zuki seine Wirkung.
Um einen schnellen und wirkungsvollen Zuki zu lernen, musst du viel üben. Sogar Schwarzgurte üben den Fauststoß regelmäßig, um ihn immer wieder zu verbessern.

Hikite:

Das schnelle und bewusste Zurückziehen der Faust (es heißt auf Japanisch Hikite) ist sehr wichtig.
Je stärker der gestreckte Arm zurückgezogen wird, desto stärker bringst du die vorstoßende Faust nach vorne.

Spannung aufbauen!

Hier geht es nicht um einen Krimi, sondern um die Frage: Wie weit ziehst du die Faust an die Hüfte zurück?

Gegenfrage:
Wenn Du einen Pfeil weit schießen willst, wie weit musst du dann den Bogen spannen?
Du wirst den Bogen sehr weit spannen, um den Pfeil weit zu schießen.

Lösung:
Genauso verhält sich die Faust, die an der Hüfte wartet, bis sie „losschießen", also vorstoßen darf. Spanne deinen Körper wie einen Bogen und ziehe die Faust möglichst weit zurück, dann kann sie kraftvoll nach vorne stoßen.

1. Angriffstechnik – Choku-zuki
(gerader Stoß im Stehen)

Der Zuki im Stand heißt Choku-zuki.

Ausführung:

Stehe wie immer ganz aufrecht und gerade.
Der Zuki startet von der Hüfte, d. h. eine Faust befindet sich an der Hüfte, der Ellbogen ist fest an den Körper gedrückt. Der Handrücken zeigt nach unten. Die andere Faust ist vor der Körpermitte ganz nach vorne gestreckt. Ihr Handrücken zeigt nach oben.

Die Bewegung des Armes erfolgt in einer ganz geraden Bahn nach vorne, so wie wenn du einen Speer gerade nach vorn stoßen willst. Dabei gleiten die Unterarme ganz eng am Körper entlang. Dies gilt für die zurückziehende und die vorstoßende Faust.

Im selben Augenblick, in dem die Faust von der Hüfte nach vorne startet, zieht die andere Faust an die Hüfte zurück. Die Bewegung erfolgt gleichzeitig! Ganz am Schluss der Bewegung werden die Fäuste gedreht, so dass der Handrücken der vorderen Hand nach oben zeigt und der der hinteren nach unten. Der vordere Arm ist ganz gestreckt.

Wusstest du?
Die Fäuste werden gedreht, um die Techniken zu beschleunigen.

2. Angriffstechnik – Oi-zuki
(Angriffsstoß)

Der Zuki mit einer Vorwärtsbewegung, meist im Zenkutsu dachi, heißt Oi-zuki.

Ausführung:
Es wird mit der gleichen Seite gestoßen, mit der du vorwärts gehst.
Ist der linke Fuß vorne, stößt die linke Faust; ist der rechte Fuß vorne, stößt die rechte Faust.

Der Oi-zuki ist eine sehr kraftvolle Technik, da sich der ganze Körper schnell nach vorne bewegt.

3. Angriffstechnik – Gyaku-zuki
(Seitenverkehrter Fauststoß)

Der Zuki mit einer Vorwärtsbewegung, aber seitenverkehrt, heißt Gyaku-zuki.

Ausführung:
Hier stößt du nicht mit der Seite, mit der du nach vorne gegangen bist, sondern seitenverkehrt.
D. h., wenn du mit der rechten Faust stößt, steht dein linkes Bein vorne und umgekehrt. Die Technik wird meistens beim Partnertraining nach einer Abwehr (siehe Kapitel 10) als Gegenangriff verwendet.

Wichtig für Oi-zuki und Gyaku-zuki:
Schultern bleiben locker – nicht hochziehen,
Ellenbogen ganz eng am Körper führen,
Handrücken bleibt ganz gerade, Arm ganz strecken,
Faust fest zurück an die Hüfte ziehen.

Perfektes Zusammenspiel von Hand und Fuß:
Die Bewegung der Hand und die Schrittstellung enden zum gleichen Zeitpunkt.

Angriffstechniken mit der Faust

Choku-zuki	Oi-zuki	Gyaku-zuki
gerader Stoß	Angriffsstoß	seitenverkehrter Fauststoß
gerader, gestreckter Fauststoß im Stand (Hachiji-dachi oder Heiko-dachi)	gerader, gestreckter Fauststoß in Verbindung mit Vorwärtsbewegung (meist Zenkutsu-dachi)	gerader, gestreckter Fauststoß mit Vorwärtsbewegung (meist Zenkutsu-dachi) mit »entgegengesetzter« Seite
	gleicher Fuß und gleicher Arm ist vorne	linkes Bein vorne und rechter Arm ist vorne oder rechtes Bein vorne und linker Arm ist vorne

7. KAPITEL:

Die Abwehr
Abwehrtechniken mit dem Arm

Man sagt, die wahre Kunst des Karates »beginnt und endet mit einer Abwehr« oder »im Karate gibt es keinen ersten Angriff«.
Diese beiden Aussagen machen deutlich, dass die Grundsätze des Karates, keinen Gebrauch zu Angriffszwecken erlauben.

Grundlagen
Was ist für alle Abwehrtechniken wichtig?

Fließende Bewegungen – keine Pause:
Mache beim Ausholen mit deinem Arm keine Pause, um den Bewegungsablauf nicht zu unterbrechen. So verliert deine Bewegung keinen Schwung und bleibt geschmeidig und voller Energie.

Wenn du einen Ball weit werfen willst, holst du auch nach hinten aus und wirfst den Ball in einer Bewegung nach vorne, ohne die Ausholbewegung zu stoppen.

Wenn du mit Karate beginnst, kannst du die Ausholbewegung der Abwehrtechnik bewusst betonen. So bekommst du ein Gefühl für die richtige Bewegung. Alle Techniken, Abwehr wie Angriff, schließen mit der Kime (gesamte Körperspannung).

Hüfte zur Seite drehen:

Bei allen Abwehrtechniken drehst du den Körper leicht zur Seite. Deine Hüfte zeigt also nicht direkt zu deinem Partner, sondern sie ist leicht zur Seite gedreht.

Das bringt dir 2 Vorteile:
- **Weniger Angriffsfläche** –
  Du verringerst deine Angriffsfläche.

- **Mehr Kraft und Schnelligkeit:**
  Du bekommst mehr Kraft und Schnelligkeit bei einem Gegenangriff. Stelle dir vor, du willst einen Ball möglichst weit werfen! Dann holst du nicht nur mit dem Arm, sondern mit deinem ganzen Körper Schwung. Beim Ausholen drehst du ebenfalls die Hüfte zur Seite.

Beachte:
Wenn du die Hüfte leicht zur Seite drehst, um so die Angriffsfläche zu verringern und um eventuell einen kraftvollen Gegenangriff zu starten, darf sich dein vorderes Bein beim Zenkutsu-dachi nicht nach innen bewegen, da sonst die Stellung nicht stabil und fest ist!

Besser Ausweichen als Abwehren:

Da Karate schon immer als Verteidigungskunst gelehrt wurde, wird man immer versuchen, den Angriffen auszuweichen. Wenn ein Ausweichen nicht möglich ist, muss eine Abwehr so wie ein Angriff ausgeführt werden, also hart und schnell.

ABWEHRTECHNIK – GEDAN-BARAI

1. Abwehrtechnik
Gedan-barai (Abwehr nach unten)

Mit dem Gedan-barai kannst du Fuß- und Fauststöße, die auf deinen Bauch-Bereich (Bauch = Chudan-Bereich) gerichtet sind, abwehren.

Aber auch den Bereich unterhalb des Gürtels, also den Gedan-Bereich (daher kommt auch der Name Gedan-barai), schützt du so vor Angriffen.

Ausführung im Stand:

Der abwehrende Arm holt mit der Faust am gegenüberliegenden Ohr Schwung. Die Faustinnenseite zeigt dabei zum Ohr. Der andere Arm ist nach unten gestreckt.

Nun führst du den Arm vom Ohr direkt nach unten, der Faustrücken zeigt dann nach oben. Den gestreckten Arm ziehst du an die Hüfte zurück, der Faustrücken zeigt nach unten. Beide Bewegungen erfolgen gleichzeitig.

Wie gehe ich? Bewegung im Gedan-barai?

Ausgangsstellung: »links vor im Zenkutsu-dachi«. Das linke Bein ist vorne und gebeugt, das hintere rechte Bein gestreckt, der linke Arm zeigt nach vorn, der rechte Arm, bzw. Faust, ist an der Hüfte.

Die rechte Faust holt am linken Ohr Schwung. Der linke Arm bleibt gestreckt. Den hinteren Fuß ziehst Du im Bogen nach vorne.

Nun führst du den Arm geradlinig vom Ohr weg nach unten. Der andere Arm, bzw. Faust, zieht an die Hüfte zurück. Am Ende der Bewegung stehst du wieder schulterbreit. Der rechte Arm und der rechte Fuß sind vorne.

Beachte:

- dass sich die Faust ca. eine Faustbreite über dem gebeugten Knie befindet und der Arm gestreckt ist,
- dass sich bei der Abwehr die Fäuste am Ende der Bewegung wieder drehen,
- dass beim Vorwärtsgehen die Schrittstellung und die Abwehrbewegung, also die Bewegungen deiner Arme und Beine, zum gleichen Zeitpunkt enden.

ABWEHRTECHNIKEN – GEDAN-BARAI

Den Gedan-barai brauchst du sehr oft.
Wenn du die Grundschule (Kihon) trainierst, ist die Abwehrtechnik Gedan-barai mit der Schrittstellung Zenkutsu-dachi die Anfangsstellung für alle Abwehr- und Angriffstechniken.

In der Grundschule gehen wir meist zuerst mit dem linken Bein nach vorn.

Wie komme ich in diese Anfangsstellung?

Am Anfang der Grundschule beginnt jede Technik mit Shizen-tai (Ausgangsstellung)

Musubi-dachi

Yoi
(Achtung, aufmerksam sein)

Hachiji-dachi

Rechter Arm streckt sich. Die linke Faust holt am rechten Ohr Schwung.

Das linke Bein zieht in einem Bogen nach vorne. Die andere Faust zieht zur Hüfte.
Nun bin ich in der Ausgangsstellung: »links vor im Zenkutsu-dachi mit Gedan-barai«

2. Abwehrtechnik
Age-uke (Abwehr nach oben)
Uke ist das japanische Wort für Abwehr.

Mit der Abwehrtechnik Age-uke kannst du Angriffe, die auf deinen Kopf zielen (also den Jodan-Bereich), abwehren und dich so schützen.

Ausführung im Stand:

Einen Arm streckst du nach oben, während dein anderer Arm sich eng am Körper befindet, deine Faust liegt an der Hüfte an.

Die Faust an der Hüfte bewegt sich direkt über die Körpermitte nach oben. Den anderen Arm ziehst du im selben Moment nach unten. Während der Bewegung kreuzen sich die Arme vor der Brust.

Durch das Kreuzen der Arme vor dem Körper schützt du deinen Körper.
Der Arm, der sich nach oben bewegt, geht außen vorbei.

Der abwehrende Arm befindet sich am Ende ca. eine Faustbreit vor der Stirn und der Ellbogen muss unbedingt tiefer als die Faust sein. Der andere Arm ist nun eng am Körper und deine Faust liegt an der Hüfte.

ABWEHRTECHNIKEN – AGE-UKE

Wie gehe ich? Bewegung im Age-uke?

Anfangsstellung:
»Links vor im Zenkutsu-dachi mit Gedan-barai« einnehmen.

Wenn du die Bewegung beginnst, streckst du den vorderen Arm nach oben. Der abwehrende Arm ist noch an der Hüfte (hier der rechte Arm).

Während der Vorwärtsbewegung im Zenkutsu-dachi, kreuzen sich deine Arme vor dem Körper.

In der Endphase der Bewegung befindet sich der abwehrende Arm ca. 2 Faustbreiten vor der Stirn.

Beachte:
- Die Arme werden wiederum eng am Körper geführt und die Fäuste in der Endphase gedreht.
- Die Arm- und Schrittbewegung enden im selben Moment.
- Der Ellbogen des abwehrenden Armes sollte in der Endposition immer etwas tiefer sein als deine Faust.

3. Abwehrtechnik
Soto-uke
(Abwehr zur Mitte – von außen nach innen)

Mit dem Soto-uke wehrst du einen Angriff mit dem Unterarm von außen nach innen ab. Die Abwehrhöhe ist meistens der Bauch- und Brustbereich (Chudan), es können aber auch Angriffe zum Kopf (Jodan) abgewehrt werden.

Ausführung im Stand:

Du holst mit der Hand, die abwehrt, neben deinem Körper Schwung. Der Arm ist angewinkelt, so dass zwischen Ober- und Unterarm ein rechter Winkel ist.
Dein anderer Arm ist vor deiner Körpermitte gestreckt.

Den angewinkelten Arm führst du zur eigenen Körpermitte nach unten, die Faust wird eingedreht und befindet sich ungefähr auf Schulterhöhe. Der gestreckte Arm zieht im gleichen Moment an die Hüfte zurück, die Faust dreht sich.

ABWEHRTECHNIK – SOTO-UKE

Wie gehe ich? Bewegung im Soto-uke?
»Links vor im Zenkutsu-dachi mit Gedan-barai« einnehmen.

Wenn du die Bewegung beginnst, streckst du deinen linken Arm gerade nach vorne. Der rechte, abwehrende Arm geht soweit nach oben, bis der Ellbogen auf Höhe der Schultern ist. Oberarm und Unterarm bilden einen rechten Winkel.

Jetzt bewegt sich das hintere Bein über das vordere im Zenkutsu-dachi nach vorne.

Während dieser Bewegung ziehst du den gestreckten Arm an die Hüfte zurück, die Faustinnenseite zeigt nach oben. Den gebeugten Arm ziehst du vor deinen Körper. Die Faust wird dabei gedreht, die Faustinnenseite schaut zu dir.

Beachte:
Deine Faust sollte sich in der Endposition ungefähr auf Schulterhöhe befinden und der Ellbogen sollte eine Faustbreit vom Körper entfernt sein.

4. Abwehrtechnik
Uchi-uke
(Abwehr zur Mitte – von innen nach außen)

Mit dem Uchi-uke wehrst du einen Angriff mit dem Unterarm von innen nach außen ab. Die Abwehrhöhe ist der Bauch- und Brustbereich (Chudan). Es können aber auch Angriffe zum Kopf (Jodan) abgewehrt werden.

Ausführung im Stand:

Der abwehrende Arm holt zwischen Gürtel und Achselhöhle des anderen Armes Schwung. Der Handrücken der Faust zeigt dabei nach oben. Der andere Arm ist nach vorne gestreckt. Sein Handrücken zeigt ebenfalls nach oben.

Die Abwehrbewegung beginnt, wenn sich der Unterarm nach außen bewegt, d.h. der gebeugte Unterarm wird ganz schnell aufgerichtet, so dass du schnell einen Angriff auf deine Körpermitte abwehren kannst. Die Arm- und Fausthaltung ist in der Endstellung wie bei Soto-uke, ungefähr auf Schulterhöhe, d.h. eine Faustbreit vom Körper entfernt und die Faustinnenseite zeigt zu dir. Der gestreckte Arm zieht an die Hüfte zurück.

ABWEHRTECHNIKEN – UCHI-UKE

Wie gehe ich? Bewegung im Uchi-uke?
»Links vor im Zenkutsu-dachi mit Gedan-barai« einnehmen.

Der linke Arm ist nach vorne zur eigenen Körpermitte gestreckt.

Jetzt holt der rechte Arm unterhalb der linken Achselhöhle Schwung. Das hintere Bein bewegt sich über das vordere im Zenkutsu-dachi nach vorne.

Während dieser Bewegung, zieht der gestreckte Arm an die Hüfte zurück und der gebeugte Arm richtet sich auf.

Beachte:
Der abwehrende Arm muss zuerst unter den zurückziehenden Arm geführt werden. Der Winkel zwischen Ober- und Unterarm sollte 90° betragen.

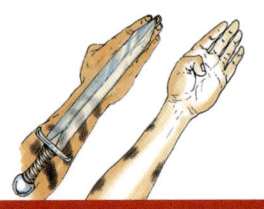

5. Abwehrtechnik
Shuto-uke (Handkantenabwehr)

Mit dem Shuto-uke (sprich: Schtoke) wehrst du einen Angriff mit der Handkante ab. Die Abwehrhöhe ist Chudan oder Jodan.
Die Hände sind bei dieser Abwehrtechnik geöffnet.
Hände und Unterarm sollen wie ein Schwert eingesetzt werden.

> **Wusstest du?**
> Shu = Hand, To = Schwert
>
> Deswegen kann man auch zu dieser Abwehr „Schwerthandblock" sagen.

Ausführung im Stand:

Diese Ausholbewegung ist wie beim Gedan-barai, nur dass die Hände dabei geöffnet sind. Die abwehrende Hand holt beim gegenüberliegenden Ohr aus, die Handinnenseite zeigt dabei zum Ohr. Der Ellbogen liegt am Körper an. Der andere Arm ist nach vorne, zur eigenen Körpermitte hin, gestreckt. Die Handfläche zeigt nach unten.

Der Unterarm wird bei der Ausführung der Abwehr nach außen gedreht. Die Drehung erfolgt aus dem Ellbogengelenk.
Die zurückziehende Hand wird, ohne dass sie sich zur Faust schließt, nach hinten in eine Position vor der Mitte der Brust gezogen (knapp oberhalb des Gürtelknotens). Die Handfläche schaut nach oben, d. h. auch hier wird die Hand gedreht.

ABWEHRTECHNIKEN – SHUTO-UKE

Wie gehe ich? Bewegung im Shuto-uke?
Ausführung der Bewegung »links vor im Zenkutsu-dachi« einnehmen.

Zenkutsu-dachi   Kokutsu-dachi

Damit du vorwärts kommst, musst du dein Gewicht auf das vordere Bein verlagern und stark beugen. Dadurch wird das hintere Bein entlastet. Somit ist es leichter, sich nach vorne zu bewegen.

Wenn sich die Beine in der Mitte »treffen«, holt im selben Moment, die abwehrende Hand beim gegenüberliegenden Ohr aus. Der Ellbogen liegt am Körper an. Der andere Arm ist nach vorne, zur eigenen Körpermitte hin, gestreckt.

Kurz bevor du den rechten Fuß (auf einer Linie) vorne aufsetzt, drehst du den Unterarm des rechten Armes nach außen und der gestreckte Arm zieht gerade zur Körpermitte zurück bis knapp oberhalb deines Gürtels.

Wenn du die Abwehr beendet hast, ist das Knie des hinteren Beines stark gebeugt und der Fuß 90° zur Seite gedreht. Das Knie des vorderen Beines ist leicht gebeugt und die Fußspitzen zeigen nach vorn. Dein Gewicht liegt nach dem Schritt zum größten Teil auf dem hinteren Bein. Nun stehst du in der Stellung »Kokutsu-dachi«.

Beachte:
Erinnerst du dich an die Stellung Kokutsu-dachi? – z. B.: Dein linker Fuß zeigt nach vorne, das Knie ist nur leicht gebeugt. Der hintere Fuß ist um 90° gedreht und das Knie stark gebeugt. Ein Großteil deines Gewichts ist auf dem hinteren Bein. Du stehst auf einer Linie.

Deine Handflächen dürfen in keinem Moment geknikkt sein. Handrücken und Unterarm sind eine Linie, denke an das Schwert. Drücke deine Finger fest aneinander, der Daumen liegt eng an der Handinnenfläche.

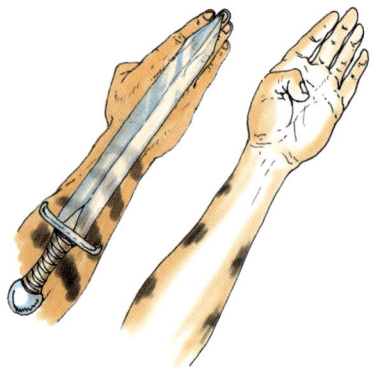

ABWEHRTECHNIKEN – SHUTO-UKE

6. Abwehrtechnik
Morote-uke (beidhändige Unterarmabwehr)

Mit dem Morote-uke wehrst du einen Angriff mit beiden Unterarmen von innen nach außen ab. Diese Technik ähnelt dem Uchi-uke, ist aber um einiges stärker, da der vordere Arm durch den hinteren Arm bei der Abwehr unterstützt wird.

Ausführung im Stand:

Beide Arme holen neben dem Körper Schwung, sind aber nicht ganz gestreckt, die Handrücken der Fäuste zeigen nach oben.

Die Arme werden nun von der Seite nach vorne geführt und in der Endbewegung gedreht, so dass die Faustinnenseite zum Körper zeigt.

Die hintere Faust befindet sich am Ellbogen des vorderen Armes.

ABWEHRTECHNIKEN – MOROTE-UKE

Wie gehe ich? Bewegung im Morote-uke?
Diese Abwehr wird meist in der Stellung Kokutsu-dachi ausgeführt, kann aber auch wie z. B. in der Kata »Heian Nidan« im Zenkutsu-dachi sein.

Um die Fortbewegung besser zeigen zu können, stehen wir hier am Anfang mit dem rechten Bein im Zenkutsu-dachi vorne.

Zenkutsu-dachi

Um schnell vorwärts zu kommen, verlagere dein Gewicht wieder auf das vordere Bein.

Im selben Moment wie sich die Beine in der Mitte »treffen«, holen die Arme (hier) auf der rechten Seite aus.

Kokutsu-dachi

Während du das linke Bein auf einer Linie (Kokutsu-dachi) nach vorne bewegst, werden die Arme von der Seite nach vorne geführt und in der Endbewegung gedreht. Die Faustinnenseiten zeigen zum Körper. Die hintere Faust (hier die rechte) befindet sich am Ellbogen des vorderen Armes.

Beachte:
Wenn du mit Morote-uke vor- oder rückwärts gehst, holen die Arme immer an der Außenseite des vorderen Beines aus.

Im Moment der Abwehr wird der abwehrende Arm durch den anderen unterstützt und zwar am Ellenbogen. Diese Abwehr kannst du sowohl in der Stellung Zenkutsu-dachi als auch in der Stellung Kokutsu-dachi ausführen.

Zusammenfassung der Abwehrtechniken

Abwehrtechnik	Bezeichnung	Bereich, der abgewehrt wird
Gedan-barei	Abwehr nach unten	Chudan, Gedan
Age-uke	Abwehr nach oben	Jodan
Soto-uke	Abwehr zur Seite von außen nach innen	Chudan
Uchi-uke	Abwehr zur Seite von innen nach außen	Chudan, Jodan
Shuto-uke	Handkantenabwehr	Chudan, Jodan
Morote-uke	beidhändige Unterarmabwehr	Chudan, Jodan

8. KAPITEL

Die Wendung – Mawatte

Da wir ja nicht immer in die gleiche Richtung laufen können, müssen wir uns auch umdrehen (180°-Drehung). Diese Wendung nennt man »Mawatte« – das bedeutet übersetzt »Dreht Euch«. Mawatte ist die Befehlsform von »mawaru«, das auf Deutsch »kreisen / herumgehen« heißt.

Ausführung:

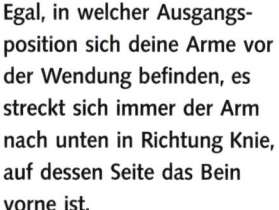

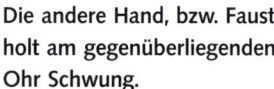

zwei Schulterbreiten

Egal, in welcher Ausgangsposition sich deine Arme vor der Wendung befinden, es streckt sich immer der Arm nach unten in Richtung Knie, auf dessen Seite das Bein vorne ist.

Die andere Hand, bzw. Faust, holt am gegenüberliegenden Ohr Schwung.

Das hintere Bein setzt in doppelter Schulterbreite in einer geraden Linie über, danach drehst du deinen ganzen Körper.
Der Blick geht über die Schultern.

DIE WENDUNG – MAWATTE

Es ist wichtig, dass der gestreckte Arm mit in die andere Richtung genommen wird.

Erst, wenn der ganze Körper gedreht ist, wird die Abwehr Gedan-barai ausgeführt.

Beachte:
Es ist wichtig, dass du bei der Wendung das hintere Bein beim Übersetzen nicht zum Körper heranziehst, weil du sonst zu eng stehst und sogar umfallen könntest. Halte den Oberkörper bei der Drehung aufrecht!

Wenn du aus der Stellung Kokutsu-dachi (du stehst auf einer Linie) in die Stellung Zenkutsu-dachi wenden willst, musst du nur eine Schulterbreite übersetzen, da du ja schon auf einer Linie stehst. Das gleiche gilt auch bei der Wendung von der Stellung Kiba-dachi in Zenkutsu-dachi.

9. KAPITEL:

Bein-/Fußtechniken

Grundlagen – Was ist für alle Bein-/Fußtechniken wichtig?

Die Beintechniken spielen im Karate eine große Rolle. Sie können zur Abwehr und auch zum Angriff eingesetzt werden und können nach allen Richtungen ausgeführt werden. Wichtig ist, dass jede Beintechnik aus einer stabilen Position, also aus einer richtigen Stellung heraus, erfolgt. Das bedeutet, man sollte dabei nicht wackeln oder das Gleichgewicht verlieren.

Bei jedem Tritt spielt, je nach Technik, das Standbein eine ganz wichtige Rolle. Auch die Position, bzw. die Haltung des Oberkörpers, ist für die richtige Ausführung und Effektivität der Fußtechnik entscheidend. Erinnere dich an das Fundament des Hauses, bzw. an die Karategrundstellungen; je fester dein Stand, desto sicherer die Bewegung.

Drei Phasen:

Die Bewegung der Beintechnik lässt sich in 3 Phasen einteilen:

1. Anziehphase des Knies
2. Trittphase des Fußes (Richtung)
3. Zurückziehen und Absetzphase des Beines

In diesen 3 Phasen ist die richtige Verlagerung des Gleichgewichts wichtig!

BEIN-/FUSSTECHNIKEN

Zwei Ausführungen – geschnappt oder gestoßen?
Wir unterscheiden bei den Beintechniken zwei Ausführungen.

Keage = geschnappte Bewegung
Das Bein wird sofort nach der Bewegung zurückgeschnappt. Je enger du den Unterschenkel wieder anziehst, desto stärker ist die Schnappbewegung. Die meisten Bein- oder Fußtechniken sind Schnappbewegungen.

Kekomi = gestoßene Bewegung
Das Bein wird im Ziel kurz gestoppt und der ganze Körper ist angespannt, bevor das Bein wieder zurückgezogen wird.

Wichtig: Bewusstes Absetzen
Bei allen Beintechniken ist es wichtig, dass das stoßende, bzw. schnappende Bein kontrolliert wieder zurückgezogen wird. Das Bein darf niemals nach dem Auftreffen am Zielpunkt direkt zurück auf den Boden »fallen«, sondern es muss bewusst zurückgezogen und abgesetzt werden. Hier ist dein Gleichgewichtsgefühl gefordert! Du hältst leichter das Gleichgewicht, wenn das tretende Bein kein Körpergewicht zu tragen hat. Somit ist eine kontrollierte Bewegung gewährleistet.

1. Bein-/Fußtechnik
Mae-geri (gerader Fußtritt nach vorne)

Merkmal:
Der Mae-geri ist ein sehr dynamischer Tritt, der wegen seiner Schnelligkeit in der Selbstverteidigung und auch im sportlichen Wettkampf eingesetzt werden kann. Der Tritt ist nach vorne gerichtet.
Die Trefferfläche ist der Fußballen.

Zielregion– Wie hoch hebe ich das Bein?
Das Bein »schnappt« nach vorne in die Höhe seiner Zielregion – unterer Kopfbereich (Jodan) oder Bauch (Chudan).

Mae-geri Jodan:
Du ziehst das Knie bis zur Höhe deiner Brust heran.
Das Standbein ist gebeugt.

Mae-geri Chudan:
Du hältst Knie, bzw. Oberschenkel waagerecht.

BEIN-/FUSSTECHNIKEN – MAE-GERI

Ausführung Mae-geri
Ausgangsstellung im Zenkutsu-dachi. Deine Hände sind seitlich neben dem Körper gespannt.

Bei der Vorwärtsbewegung wird das tretende Bein angewinkelt, der Unterschenkel zieht zum Oberschenkel. Gleichzeitig wird das Knie nach vorne in Richtung Brustkorb herangezogen, die Fußsohle zeigt waagerecht zum Boden und die Zehen sind angezogen.

Der Unterschenkel schnappt in Richtung Ziel, wobei der Fußballen im Ziel auftrifft.

Danach wird das Bein wieder angezogen und kontrolliert nach unten in die Stellung Zenkutsu-dachi abgesetzt.

Beachte:
Standbein nicht zur Seite drehen, Hüfte gerade halten.

BEIN-/FUSSTECHNIKEN – MAWASHI-GERI

2. Bein-/Fußtechnik
Mawashi-geri (Halbkreisfußtritt)

Merkmal:
Bei dieser halbkreisförmigen Ausführung der Technik wird das Schnappen deines Knies und die Drehung der Hüfte gleichzeitig ausgeführt. Der Gegner wird mit dem Fußballen getroffen.

Zielregion:
Das Ziel ist der seitliche Kopf- oder Körperbereich.

Ausführung Mawashi-geri
Ausgangsstellung im Zenkutsu-dachi

Das Knie des tretenden Beines ziehst du seitlich neben dem Körper nach oben, so dass Ober- und Unterschenkel waagerecht sind. Fuß und Zehen ziehst du stark an.

Danach wird die Hüfte und der Oberkörper gedreht und der Unterschenkel schnappt ins Ziel. Mit dem Zurückschnappen des Unterschenkels wird die Hüfte mit dem Standbein zurückgedreht und der Fuß wieder im Zenkutsu-dachi abgesetzt.

BEIN-/FUSSTECHNIKEN – MAWASHI-GERI

Wie gehe ich?
Nachdem du wieder im Zenkutsu-dachi stehst, wiederholt sich die Bewegung mit dem hinteren Bein.

Beachte:
Bei der Körperdrehung bewegt sich das Standbein mit. Den Oberkörper hältst du so aufrecht wie möglich. Bei der Rückzugsbewegung des Beines schnappt dein Unterschenkel zurück und die Hüfte zieht das Bein und den gesamten Oberkörper in die Ausgangsposition zurück. Das Bein wird wieder in die Stellung Zenkutsu-dachi abgesetzt.

3. Bein-/Fußtechnik
Yoko-geri (Seitwärtsfußstoß)

Merkmal:
Die extreme Reichweite aus dem Stand, die hier erreicht werden kann, ist ein besonderes Merkmal des Yoko-geri.

Yoko-geri-kekomi (seitlich gestoßener Fußtritt)
Bei dieser Technik wird das Bein seitlich **gestoßen**.

Zielregion Chudan:
Getroffen wird hier mit der Fußkante als treffende Fläche.
Yoko-geri-kekomi (stoßen) – Chudan (Bauchbereich)

Die Fußkante wird seitwärts auf einer geraden Linie ins Ziel gestoßen, wobei das Knie eng vor dem Körper herangezogen wird. Die Füße sind parallel zum Boden. Zehen unbedingt anziehen!

In der Endphase, also kurz vor dem Auftreffen, wird die Hüfte mit in den Stoß einbezogen und das Standbein wird leicht nach außen gedreht, wobei es aber nicht ganz durchgestreckt sein darf.

Durch diese Bewegung und durch die kurzzeitige Anspannung des gesamten Körpers, erhält der Yoko-geri-kekomi beim Auftreffen sehr viel Kraft.

BEIN-/FUSSTECHNIKEN – YOKO-GERI

Yoko-geri-keage (seitlich geschnappter Fußtritt)
Bei dieser Technik wird das Bein seitlich **geschnappt**.

Zielregion Jodan:
Getroffen wird hier mit der Fußkante als treffende Fläche.
Yoko-geri-keage (schnappen) – Jodan (Kopfbereich)

Es ist wichtig, dass dein Bein seitlich vor dem Körper hochgezogen wird, damit eine Schnappbewegung überhaupt möglich ist. Deine Zehen sind fest angezogen, die Fußkante zeigt Richtung Boden.

Im Gegensatz zum Yoko-geri-kekomi schnappt das Bein (Unterschenkel) sofort nach dem Treffen wieder zurück,

d.h. deine Fußkante wird seitwärts mit einer Pendelbewegung ins Ziel geschnappt.

Wie gehe ich?
Bewegung im Yoko-geri-kekomi und Yoko-geri-keage
Die Ausgangsstellung ist Kiba-dachi.

Keage
Kekomi

Kiba-dachi

Das Bein, das herangezogen wird, setzt ganz knapp neben dem Standbein auf.

Durch das Hochziehen deines Beines entscheidest du, ob du einen gestoßenen Yoko-geri (Knie vor dem Körper) oder einen geschnappten Yoko-geri (Knie seitlich deines Körpers) ausführst.
Während der gesamten Vorwärtsbewegung ist es wichtig, dass sich der Körper immer auf derselben Höhe befindet.

Beachte:
Das Standbein steht fest auf dem Boden.

Auch ist es wichtig, dass der Unterschenkel des hochziehenden Beines nicht waagerecht ist, da ansonsten der Yoko-geri nicht genau ausgeführt werden kann. Es könnte sein, dass sonst aus deinem Yoko-geri ein Mawashi-geri wird.

Interessante Anmerkung:
Wenn wir die Grundschule (Kihon) trainieren, gehen wir immer mit dem linken Bein mit einer Abwehr, meist Gedan-barai, nach vorne, nicht nach hinten.

Warum mit einer Abwehr und warum gerade immer mit links, wirst du dich fragen?

Man beginnt das Grundschultraining deswegen mit einer Abwehr, um den friedlichen und zurückhaltenden Charakter des Karates zu demonstrieren. Übrigens beginnen auch alle Katas mit einer Abwehr, genau aus diesem Grund. Ja, und warum links nach vorn und nicht nach hinten? Auf der linken Seite befindet sich dein Herz. Mit deiner linken Seite gehst du nach vorn und zeigst »Herz, Mut und Selbstbewusstsein«, stellst dich der Aufgabe (deinem Gegner) und weichst nicht nach hinten zurück. Du schaffst es!

Übersicht: Bein-/Fußtechniken

Angriffstechniken	Bezeichnung	Angriffsstufe/Treffpunkt
Mae-geri	gerader Fußtritt nach vorne	Chudan, Jodan/Fußballen
Mawashi-geri	Halbkreis-Fußtritt	Chudan, Jodan/Fußballen
Yoko-geri-kekomi	seitlich gestoßener Fußtritt	Chudan/Fußaußenkante
Yoko-geri-keage	seitlich geschnappter Fußtritt	Jodan/Fußaußenkante

10. KAPITEL

Partnertraining – Kumite

»Karate-do wa rei-ni hajikari, rei-ni owaru koto-o«

Karate-do beginnt mit Respekt und endet mit Respekt

Rei, der Gruß – Ehre, wem Ehre gebührt!

Verbeuge dich vor deinem Lehrer und Partner. Damit zeigst du deine Anerkennung vor deinem Trainingspartner. Und du freust dich sicherlich ebenso, wenn dein Partner dir zeigt, dass er dich respektiert, oder?

Partnertraining – Kumite
Das Kumite ist eine Möglichkeit, die vielen Karatetechniken mit einem Partner (nicht Gegner) zu trainieren, um so Erfahrung in der Anwendung der in der Grundschule erlernten Hand- und Beintechniken zu bekommen. Im Partnertraining bekommst du das Gefühl für die richtige Distanz deiner Karatetechniken.

In den Anfängen des Karates wurden hauptsächlich die Katas trainiert. Gelegentlich wurde während dieser Zeit die Kraft von Tritten, Blocktechniken und Schlägen getestet, meist in Selbstverteidigungssituationen. Es gab aber damals kein Kumite, wie wir es heute kennen und anwenden.

Gichin Funakoshi dachte sich um 1920 ein System des Partnertrainings aus, welches sich nach und nach weiterentwickelte und bis zum heutigen Tag immer mehr verfeinert wurde. Bis hin zum freien Kampf, welcher heutzutage auch als Wettkampf mit strengen Regeln betrieben wird.

Das Kumite soll dem Schüler ein Gefühl für die richtige Distanz, für den richtigen Zeitpunkt des Angriffs und den optimalen Gegenangriff vermitteln. Strategie und Taktik werden genauso verlangt, wie Mut und Gelassenheit.

Oberstes Ziel ist es, deinen Partner nicht zu verletzen, das heißt, die schnelle und stark geschlagene Karatetechnik muss vor dem Ziel abgestoppt werden. Dies verlangt von dir ein hohes Maß an Körperbeherrschung und Verantwortung.

Dein erster Schritt zum grundschulmäßigen Partnertraining
Gohon Kumite (fünfmaliger Angriff)

Abstandsmessung:
Beim Partnertraining gibt es immer einen Angreifer und einen Verteidiger. Der Abstand ist so groß, dass du deinen Partner mit geradem, ausgestrecktem Arm gerade noch mit der Faust erreichen kannst. Dieses »Abstand messen« wird immer vom Angreifer durchgeführt. Der richtige Abstand beim Partnertraining ist sehr wichtig, da dein abwehrender Partner die Techniken sonst nicht richtig ausführen kann.

Vorbereitung für das Partnertraining.

Ist der richtige Abstand gefunden, ist beim Kommando »Yoi« folgendes zu beachten:

Der Angreifer bewegt das **rechte** Bein, der Verteidiger das **linke** Bein, somit bewegt ihr euch beide in die gleiche Richtung und steht euch genau schulterbreit gegenüber.

Ausgangsposition des Angreifers: Der Angreifer geht rechts in Stellung Zenkutsu-dachi zurück und macht links die Abwehr Gedan-barai: d.h. der linke Arm holt am rechten Ohr Schwung, der rechte Arm ist nach unten gestreckt und das rechte Bein geht im Zenkutsu-dachi zurück.

Gohon Kumite: (5-maliger Angriff)
Angriff mit Oi-zuki Jodan (obere Stufe) – Abwehr mit Age-uke

Der Angreifer sagt die Technik an: »Oi-zuki Jodan«. Der Verteidiger bestätigt dies mit »Oss« und bereitet die Abwehr Age-uke vor: Rechter Arm streckt sich nach oben, linke Faust ist an der Hüfte.

Der Angreifer geht in Zenkutsu-dachi mit Oi-zuki Jodan 5-mal (Gohon) nach vorne.

Der Verteidiger geht im selben Moment in der Stellung Zenkutsu-dachi (rechtes Bein) mit der Abwehrtechnik Age-uke 5-mal (Gohon) rückwärts.

PARTNERTRAINING

Die fünfte, also letzte, Technik des Angreifers (hier Oi-zuki-jodan) endet mit einem Kiai.

Gegenangriff im Stand

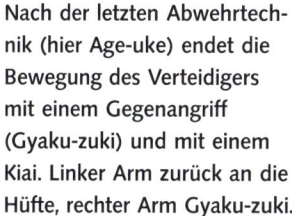

Nach der letzten Abwehrtechnik (hier Age-uke) endet die Bewegung des Verteidigers mit einem Gegenangriff (Gyaku-zuki) und mit einem Kiai. Linker Arm zurück an die Hüfte, rechter Arm Gyaku-zuki.

»Yame«

Die Stellung wird erst zurückgezogen, wenn der Sensei (Lehrer) »Yame« sagt, dann zieht der Angreifer das vordere Bein zurück und der Verteidiger das hintere Bein nach vorne. Somit haben wir den gleichen Abstand und die gleiche Stellung, wie zu Beginn. Das Partnertraining endet mit einer kurzen Verbeugung.

Gohon Kumite: (5-maliger Angriff/Abwehr)
Angriff mit Oi-zuki Chudan (mittlere Stufe) – Abwehr mit Soto-uke

Gleiche Ausgangsposition wie bei Angriff Oi-zuki Jodan, d.h. Abstand nehmen, »Yoi« und der Angreifer geht rechts zurück mit Gedan-barai.

1. Schritt

2. Schritt

Der Angreifer sagt die Technik an: »Oi-zuki Chudan« Der Verteidiger bestätigt dies mit »Oss« und bereitet die Abwehr Soto-uke vor: Rechter Arm streckt sich nach vorne, linker Arm angewinkelt im rechten Winkel neben dem Körper.

Der Angreifer geht in Zenkutsu-dachi mit Oi-zuki Chudan 5-mal (Gohon) nach vorne.

Der Verteidiger geht im selben Moment mit der Stellung Zenkutsu-dachi rückwärts (rechtes Bein) mit der Abwehrtechnik Soto-uke, 5-mal (Gohon).

PARTNERTRAINING

3. Schritt

4. Schritt

5. Schritt

Die fünfte, also letzte Technik des Angreifers (hier Oi-zuki-Chudan) endet mit einem Kiai.

Gegenangriff im Stand

Nach der letzten Abwehrtechnik (hier Age-uke) endet die Bewegung des Verteidigers mit einem Gegenangriff (Gyaku-zuki) und einem Kiai. Linker Arm zurück an die Hüfte, rechter Arm Gyaku-zuki.

»Yame«

Die Stellung wird erst zurückgezogen, wenn der Sensei (Lehrer) »Yame« sagt, dann zieht der Angreifer das vordere Bein zurück und der Verteidiger das hintere Bein nach vorne. Somit haben wir den gleichen Abstand und die gleiche Stellung wie zu Beginn.
Das Partnertraining endet mit einer kurzen Verbeugung.

Beachte:
Der Angreifer sollte seinen Fuß innen am Fuß des Verteidigers absetzen.

Es ist wichtig, dass du als Angreifer darauf achtest, dass du die angesagte Zielregion genau triffst, entweder mit Jodan (Kopfbereich) oder Chudan (Bauchbereich). Nur so kann dein Partner die Abwehrbewegung genau und richtig ausführen.

Gerade am Anfang ist es einfacher, langsam anzugreifen, damit du deinem Partner genügend Zeit zum Überlegen und dem richtigen Ausholen der Abwehrbewegung lässt.
Dabei ist es sehr wichtig, dass du als Verteidiger immer im richtigen Moment abwehrst, also nicht zu früh und nicht zu spät. Das richtige Timing (Zeitpunkt) ist bei der Abwehr wichtig.
Somit ist das Partnertraining auch eine Schulung für das Auge. Gerade ein gut trainiertes Auge hilft uns, bei der Selbstverteidigung Angriffe richtig einschätzen zu können und richtig und angemessen zu reagieren.

Verhalte dich gegenüber deinem Partner immer fair und rücksichtsvoll, ganz besonders beim Partnertraining. Schließlich wollt ihr beide etwas erreichen und lernen.

Andere Kumiteformen

In der vorher beschriebenen Kumite-Form Gohon Kumite (fünfmaliger Angriff) oder in anderen Partnerübungsformen, wie z. B. Kihon-Ippon-Kumite (einmaliger Angriff) oder Kaeshi-Ippon Kumite (erwiderter Angriff), stehen sich die Partner immer in derselben Distanz für Angriff und Verteidigung, wie in der Karategrundschule, gegenüber. Es handelt sich hier um ganz fest vorgeschriebene Übungsformen mit ebenso fest vorgegebenen Regeln. Mit diesen festgeschriebenen, standardisierten Formen sollen dem Anfänger die Prinzipien des Kumite (Partnertraining) näher gebracht werden.

Die in den Anfängen sehr genau vorgeschriebenen Angriffs- und Abwehrtechniken können später in zahlreichen Kombinationen zusammengestellt und verändert werden und so in verschiedener Weise trainiert werden.

Jiyu-Ippon-Kumite (Halbfreier Kampf)

Obwohl hier auch die gleichen Techniken wie beim grundschulmäßigen Kumite verwendet werden, nähert sich diese fortgeschrittene Form des Kumite schon dem freien Kampf.
Der Angreifer und der Verteidiger nehmen eine

lockere Freikampfhaltung an und bewegen sich. Der Angreifer muss die richtige Distanz und eine Deckungslücke des Verteidigers finden, bevor er seinen Angriff ansatzlos startet. Der Verteidiger muss den Angriff im richtigen Moment abwehren oder auch ausweichen und dann sofort den Gegenangriff ausführen.
Gerade hier können Angriffs- und Abwehrtechniken in verschiedenen Variationen trainiert werden.

Jiyu-Kumite (Freier Kampf)

Dies ist die völlig freie Form des Partnertrainings, der freie Kampf. Hier gibt es keine festgelegten Angriffs- und Abwehrtechniken.

Die Regeln des Jiyu-Kumite verbieten jede Aktion, die den Partner verletzen könnte.

Der freie Kampf erfordert von dir eine sehr gute Beherrschung der Hand- und Beintechniken.

Diese Körperbeherrschung bekommst du nur mit längerem und intensivem Grundschul- und Katatraining, deshalb sollte nie zu früh mit dem Jiyu-Kumite begonnen werden.

Fachbegriffe

Age	aufsteigend
Age-uke	Abwehr nach oben
Bunkai	Zersetzung, Auseinandernehmen (das Üben von einzelnen Katateilen mit dem Partner)
Chudan	mittlere Stufe
Choku-zuki	gerader Fauststoß im Stehen
Dachi	Stellung
Dan	Meistergrad
Do	Weg
Dojo	Übungsraum
Gedan	untere Stufe
Gedan-barai	Abwehr nach unten
Gohon-kumite	Fünfschrittkampf
Gyaku-zuki	seitenverkehrter (entgegengesetzter) Fauststoß
Hachiji-dachi	Füße leicht nach außen, schulterbreit
Hajime	Los geht's
Heiko-dachi	Parallelstellung (schulterbreit)
Heisoku-dachi	geschlossene Fußstellung, Füße parallel
Hikite	zurückziehende Hand
Jiyu-ippon kumite	Halbfreier Kampf
Jiyu kumite	Freikampf
Jodan	obere Stufe

Kaeshi-ippon kumite	Erwidernder Einschrittkampf – Der Abwehrende geht zum Angreifer über und zwingt so den Angreifer in die verteidigende Position
Karateka	Karate-Betreibender
Kata	Form
Keage	Schnapptritt
Kekomi	Stoßtritt
Kiai	Kampfschrei
Kiba-dachi	Seitwärtsstellung (Reiterstellung)
Kihon	Grundschule
Kihon-ippon kumite	grundschulmäßig ausgeführter Einschrittkampf
Kime	Körperspannung
Kohai	Schüler
Kokutsu-dachi	Rückwärtsstellung
Kumite	Partnertraining
Kyu	Schülergrad
Mae	vorwärts
Mae-geri	gerader Fußtritt nach vorne
Mawashi-geri	Halbkreisfußtritt
Mawatte	Wendung
Mokuzo	Augen schließen
Mokuzo yame	Augen auf
Morote-uke	beidhändig, verstärkte Unterarmabwehr

Musubi-dachi	offene Fußstellung, Fersen zusammen
Oi-zuki	gerader Fauststoß
Oss	Danke, Bitte, habe verstanden
Rei	der Gruß
Sanbon-kumite	Dreischrittkampf
Sensei	Lehrer
Sensei ni rei	Gruß zum Lehrer
Shizentai	natürliche Körperhaltung
Shuto-uke	Handkantenabwehr
Soto	außen
Soto-uke	Abwehr zur Mitte (von außen nach innen)
Uchi	innen
Uchi-uke	Abwehr zur Mitte (von innen nach außen)
Uke	Abwehr (Block)
Ushiro	rückwärts
Yame	Stopp
Yoi	Achtung (Vorbereitung)
Yoko	seitlich
Yoko-geri	Seitwärtsfußtritt
Zenkutsu-dachi	Vorwärtsstellung
Zuki	Fauststoß

11. KAPITEL

Den Karategürtel richtig binden

Wie binde ich den Gürtel richtig?
Klingt kompliziert, ist es aber nicht!

Eine Schritt für Schritt-Anleitung:

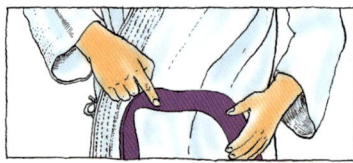

Suche die Mitte des Gürtels und halte sie vorne auf dem Bauch fest.

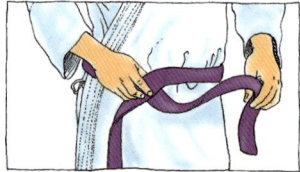

Nun wickelst du ein(!) Ende einmal um den Körper.
Das lange Ende legst du jetzt auf das kurze Ende des Gürtels.

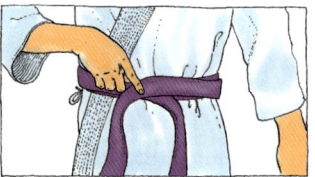

Jetzt ist das lange Ende an der Reihe. Du wickelst es nun ebenfalls um den Körper.

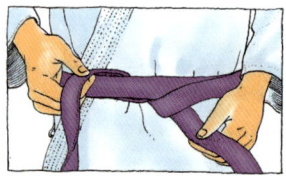

Dieses Ende ziehst du dann von unten her unter den beiden Gürtellagen nach oben durch. Nun ziehst du den Gürtel fest, so stramm wie du es möchtest.

GÜRTELBINDEN

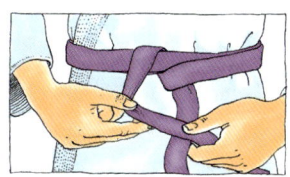 

Anschließend drehst du das obere Ende nach außen und legst es auf das untere Gürtelende.

Das untere Gürtelende wird nun durch die entstandene Öse gezogen.

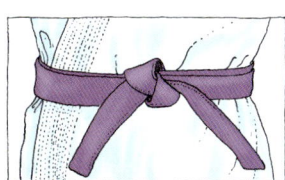

Festziehen… Fertig!
Vorsicht! Pass auf, dass der Gürtel während des Bindens nicht verdreht wird.

Nachwort – Danke

Es gibt Karate-Bücher wie Sand am Meer. Es gibt die Klassiker der alten Meister, Bücher über modernes Sportkarate und alle Abstufungen dazwischen. Viele davon sind Juwelen für den Karate-Begeisterten.

Was ich aber immer vermisst habe, ist ein Lehrbuch speziell für Kinder. Kinder tragen den Karate-Gedanken in die Zukunft und deshalb haben sie ein Buch verdient, das sie auf kindgemäße Weise begeistert und informiert. Aber dies gilt auch für erwachsene Einsteiger und Fortgeschrittene, die sich für diese faszinierende Kampfkunst interessieren. Ich hoffe, es ist mir gelungen, die doch komplexen Karatebewegungen interessant und verständlich zu erklären. Für Anregungen bin ich jederzeit dankbar.

Bedanken möchte ich mich bei allen, die die Realisierung dieser Idee ermöglicht haben. Ganz besonders bei meiner Freundin Birgit. Dieses Buch trägt auch ihre Handschrift.

Unschätzbarer Dank gebührt all den Menschen, die mich Karate gelehrt haben und heute noch beeinflussen. Shihan Ochi und ganz besonders Bundestrainer Karamitsos sind die Leitfiguren meines Karate-Lebens. Ich hoffe, es ist ihm recht, wenn ich gerade Efthimos Karamitsos als Freund fürs Leben bezeichne und seinen Rat nicht nur innerhalb des Karates sehr schätze. Danke auch an den »harten Kern« aus meinem Dojo, die mich all die Jahre schon auf dem Wege des Karate Do begleiten und unterstützen.

KLAUS HIRSCH

Mukin shori –
Der Weg zum Erfolg kennt keine Abkürzung

Klaus Hirsch

Klaus Hirsch wurde 1962 in Kempten geboren. Er betreibt Karate seit 1976 und ist Träger des 5. Dan. Nach seiner Wettkampfzeit und Trainertätigkeiten in verschiedenen Vereinen gründete er 1990 in München sein eigenes Dojo. Besonders fasziniert ihn die Vielfältigkeit des Traditionellen Shotokan-Karates, die Auseinandersetzung mit sich selbst, die Körperbeherrschung und, dass diese Kampfkunst in jedem Lebensalter betrieben werden kann. Mittlerweile kann man unter anderem in Inning am Ammersee und in Starnberg Karate bei ihm betreiben.

www.teisho-karate.de

Die neueste Plattform ermöglicht es, die faszinierende Kampfkunst Karate auch von zu Hause aus zu praktizieren.

www.teachmekarate.de